GOLDMANN

In der Reihe Goldmann Farbige Ratgeber
sind bisher folgende Bände erschienen:

Ganz ohne Fleisch. Gesund mit vegetarischer Küche (10250)
Stricken. Die neue Strickschule (10251)
Pasta-Buch. Die schönsten Nudelgerichte (10252)
Backen. Kuchen, Torten und Gebäck (10253)
Schöne Strickmodelle.
Jacken, Pullunder, Westen und Pullis (10254)
Diät. Schlank, gesund, schön (10255)
Naturapotheke. Rezepte von Mutter Natur (10256)
Balkon, Terrasse, Blumenkästen (10258)
Einmachen. Süßes und Pikantes aus Obst und Gemüse (10259)
Der Intensivgarten. Hoher Ertrag auf kleinstem Raum (10261)
Mein Kräuterbuch. Für Küche und Gesundheit (10262)
Häkeln. Die neue Häkelschule mit vielen Anregungen (10263)
Biologischer Nutzgarten.
Giftfreier Anbau von Obst und Gemüse (10264)
Wasser im Garten. Das Feuchtbiotop – Anlage und Pflege (10265)
Das Gemüsekochbuch. Von Artischocke bis Zucchini (10266)
Das Kartoffel-Kochbuch.
Rezeptideen für Suppen, Vorspeisen und Hauptgerichte (10268)
Das Lamm-Kochbuch.
Die besten Rezepte der internationalen Küche (10270)
Das Fisch-Kochbuch. Von Aal bis Zander (10271)
Das Auflaufbuch. Rezepte – mal süß, mal pikant (10272)
Der Naturgarten (10275)
Der Steingarten (10276)
Der kleine Garten (10277)
Der Wintergarten (10278)
Das Honigbuch (10279)
Richtig salzen. Gesund und schlank mit Salz (10281)

Janette Marshall

Gesund durch Ballaststoffe

Deutsche Erstausgabe

GOLDMANN VERLAG

Redaktion: Dr. Renate Zeltner
Aus dem Englischen übertragen von Claudia Bräunig
Titel der Originalausgabe: Eats with Oats
Originalverlag:
W. Foulsham & Co. Ltd., Yeovil Road, Slough, Berkshire, England

Folgende Bilder wurden von der Firma Peter Kölln, Köllnflockenwerke zur Verfügung gestellt: Seite 8, 18, 31, 33, 36, 44/45, 49, 51, 59, 64.

Made in Germany · 9/87 · 1. Auflage

Umschlagentwurf: Design Team München
Umschlagfoto: Studio Eising, Unterföhring
Satz: Filmsatz Schröter GmbH, München
Druck: Georg Appl, Wemding
Verlagsnummer: 10280
Lektorat: Ulrike Kloepfer
Herstellung und Layout: Sebastian Strohmaier
ISBN 3-442-10280-4

Inhalt

Natürlich Vollkornflocken
Blütenzarte
Kölln flocken
Mit Keim
Vollkorn-Hafernahrung
KÖLLNS ECHTE
Kernige
Kölln
... denn Hafer hat's in sich!

Einführung

Haferprodukte, vor allem Haferflocken, sind bei uns schon lange bekannt, doch im letzten Jahrzehnt ist der Verbrauch an Haferflocken stark angestiegen. Statt des früher üblichen Haferschleims verwendet man Flocken als Frühstücksmüsli, das immer beliebter wird.
Warum? Weil Haferflocken nicht nur einen sehr hohen Gehalt an Ballaststoffen haben, sondern einen ganz besonderen Ballaststoff enthalten, der sich, wie die wissenschaftliche Forschung nachweist, günstig auf den Blutdruck auswirkt, vor Herz- und Kreislauferkrankungen schützt und besonders geeignet für Diabetiker ist.
Bis heute hat man man bei der Diskussion um die Ballaststoffe immer die Kleie in den Mittelpunkt gestellt. Wir alle kennen die Vorteile der Kleie für eine funktionierende Verdauung, als Mittel gegen Verstopfung und noch ernstere Probleme, die sich daraus ergeben können. Was wir aber früher nicht wußten ist, daß es zwei Arten von Ballaststoffen gibt: lösliche und nicht lösliche.

Kleie ist nicht löslich und sollte deshalb, obwohl sie auf ihre eigene Weise durchaus wertvoll ist, zusammen mit Nahrungsmitteln verzehrt werden, die lösliche Ballaststoffe enthalten. Damit kommen wir zum Hafer, denn er ist (neben Bohnen) der beste Lieferant löslicher Ballaststoffe. Haferflokken stellen für jeden, der sich fit und gesund halten möchte, einen unschätzbaren Bestandteil der Ernährung dar.
Ein weiterer Vorzug besteht darin, daß Haferflocken besonders vielseitig zu verwenden sind. Wenn Sie weder Haferschleim noch Müsli besonders gern mögen – in den Rezepten dieses Buches finden Sie aber sicherlich einige nach Ihrem Geschmack –, gibt es viele andere Möglichkeiten, wie Sie auf Ihr tägliches Quantum Hafer kommen können!

Was sind Ballaststoffe?

Ballaststoffe sind Fasern – eine Substanz, aus der die Zellwände der Pflanzen bestehen. Wenn Sie sich die Zelle wie eine Pappschachtel vorstellen, dann sind die Fasern die Seitenwände. Stapeln Sie einige davon aufeinander, so haben Sie eine vereinfachte Vorstellung davon, wie die Fasern der Pflanzenwände der Pflanze die Fähigkeit geben, aufrecht zu stehen. Tierische Zellen haben keine Fasern, was allerdings nicht bedeutet, daß sie ständig umfallen! Menschen und Tiere werden vielmehr von ihrem Skelett gestützt. Die Muskeln in Verbindung mit den Knochen und ihren Gelenken machen den Körper zugleich stabil und beweglich. Dieser grundlegende Unterschied sollte klar sein, da er deutlich macht, daß Fasern nur in pflanzlichen Nahrungsmitteln verfügbar sind. Fleisch, Fisch und Milchprodukte sind zwar aus anderen Gründen für die Ernährung von Bedeutung, sie enthalten aber keine Ballaststoffe.

Nicht alle Pflanzen enthalten die gleiche Anzahl an Ballaststoffen und auch nicht die gleiche Art. Bäume z.B. haben »hoch faserreiche« Stämme und Äste, aber sie haben für die menschliche Ernährung keine Bedeutung. Pflanzenarten mit hohem Faseranteil und Wert für die Ernährung sind Hülsenfrüchte (Bohnen, Erbsen, Linsen), Getreideflocken (Weizen, Hafer, Gerste, Reis, Roggen etc.) und Trockenfrüchte (Datteln, Backpflaumen, Aprikosen, Feigen). Frisches Obst und Gemüse enthalten ebenfalls viele Faserstoffe.

Haferbrot (Rezept S. 34)

Lösliche und nicht lösliche Fasern

Ein einfaches Experiment verdeutlicht den unterschiedlichen Stellenwert von löslichen und nicht löslichen Faserstoffen. Geben Sie etwas Kleie in eine Tasse mit Wasser und rühren Sie um. Nach kurzer Zeit quillt die Kleie auf, weil sie das Wasser absorbiert und wird zu einer weichen, volumenreichen Substanz. Hier sind nichtlösliche Fasern am Werk. Ihre Fähigkeit, Wasser aufzusaugen ist unserer Verdauung sehr förderlich, weil sie der Nahrung, die wir zu uns nehmen, Ballast geben, der uns auf verschiedene Weise hilfreich ist.

Erstens bewirkt er eine gute Verdauung, denn dadurch, daß er die Speisen weich und groß an Volumen macht, können diese leichter durch die Verdauungsorgane transportiert und die Abfallprodukte schnell beseitigt werden. Dies trägt dazu bei, viele Gesundheitsprobleme, die im Zusammenhang mit Verstopfung auftreten, zu verhindern. Zweitens bewirkt das Aufquellen der Fasern, daß wir nach dem Essen früher ein Sättigungsgefühl haben, also insgesamt weniger essen, weniger Kalorien zu uns nehmen und schlank bleiben. Solange faserstoffreiche Nahrungsmittel fett- und zuckerarm sind, können sie uns mit wenig Kalorien viel Ballast geben. Außerdem enthalten faserstoffreiche, unraffinierte Produkte Vitamine und Mineralstoffe in ihrem natürlichen Zustand, im Gegensatz zu solcher Nahrung, die bei der Herstellung raffiniert und dadurch denaturiert wird. Um den Aspekt des Schlankmachens zu verdeutlichen, bedenken Sie, daß Sie 15 Minuten brauchen, um 3 Äpfel zu essen, die gleiche Anzahl Kalorien aber auch durch den Genuß von einem Glas Apfelsaft in 1 Minute aufnehmen können.

Das sind also die bekanntesten Funktionen der Fasern innerhalb der Ernährung, jüngere Forschungsergebnisse haben uns aber die Bedeutung einer zweiten Art von Faserstoffen gezeigt – der löslichen Fasern, die in Hafer, Bohnen und anderen Hülsenfrüchten enthalten sind.

Während Kleie direkt auf die so wichtige Funktion des Verdauungssystems einwirkt, helfen uns die löslichen Fasern, wie sie in Hafer und Bohnen enthalten sind, auf eine andere Art, gesund zu bleiben. Sie können zur Senkung des Cholesterinspiegels im Blut beitragen sowie den Blutzuckerspiegel regulieren helfen, was insbesondere bei der Vorbeugung und ernährungsspezifischen Behandlung von Diabetes eine Rolle spielt. Aufgrund ihrer Wirkung auf den Blutzucker- und Fettspiegel leisten sie ihren Beitrag zur Verhinderung von Gallensteinen und Bluthochdruck.

Heutzutage sind den meisten von uns die Risiken von Herz- und Kreislauferkrankungen bekannt. Neben einer gesunden Lebensführung ohne Niko-

tin spielt die vernünftige Ernährung eine wichtige Rolle. Ärzte rufen dazu auf, besonders die Fettaufnahme, speziell die von gesättigten Fettsäuren, einzuschränken. Sie sind vor allem in tierischen Fetten, also in Schmalz, Speck, Fleisch, Milch, Butter und Käse enthalten. Hafer kann durch seinen Anteil an löslichen Fasern helfen, diese Fette unter Kontrolle zu halten. Die Fasern bewirken nämlich eine Reduzierung des Cholesteringehaltes im Blut, und sie regulieren den Zuckergehalt – zwei Faktoren, die ansonsten zu Arterienverkalkung führen.
Ablagerungen an den Wänden der Arterien aber erhöhen die Anfälligkeit für Thrombose, bei der Blutgerinnsel entstehen, so daß sauerstoffreiches Blut das Herz nicht mehr erreichen kann.

Möchten Sie mehr wissen?

Wenn Sie mehr über diese Zusammenhänge wissen möchten, können wir uns nun der Frage zuwenden, auf welche Weise lösliche Fasern wirken.
Zunächst möchten wir Dr. James Anderson, Professor für Ernährungswissenschaften an der Universität Kentucky in Lexington, USA, vorstellen. Er hat durch seine Forschungsarbeit gezeigt, wie die Fasern des Hafers zur Vorbeugung und Behandlung von Diabetes beitragen. Durch die Anwendung seiner HCF-Diät mit hohem Faseranteil und vielen Kohlenhydraten konnte er die Insulinabhängigkeit der Hälfte einer Gruppe von Diabetikern, die er mit dieser Diät behandelte, reduzieren. Es handelte sich hier nur um Personen, die einen latenten Diabetes hatten, d.h., die Krankheit entwickelte sich erst in mittleren Jahren, oft als Folge unvernünftiger Ernährung.
Dr. Anderson fand heraus, daß seine Diät den Insulinbedarf der Patienten senkte und den Blutzuckerspiegel stabilisierte. »Besonders wichtig ist«, sagt er, »daß unsere Patienten die Diät praktisch und schmackhaft finden ... sie mögen diese Diät wirklich.«

Haferflocken und Bohnen sind unraffiniert, also nicht künstlich verfeinert und enthalten deshalb viele lösliche Fasern.

Das ist der Grund für ihre Fähigkeit, Schwankungen des Blutzuckerspiegels zu verhindern. Dies bewirkt eine Verlangsamung der Verdauung von Kohlenhydraten und sorgt für permanenten Energiezufluß in den Körper dank einer stetigen Zuckerversorgung des Blutes. Dadurch wird – anders als bei einer Ernährung mit hohem Anteil an raffinierten Kohlenhydraten (also Weißmehl oder Zucker) – die plötzliche Überforderung der Bauchspeicheldrüse verhindert.

Diese Art der Ernährung ist nicht nur für Diabetiker oder für Leute mit latentem Diabetes zu empfehlen, sondern sie ist für jeden von uns gut, weil sie den Körper nicht überfordert und weil natürliche, unraffinierte Nahrungsmittel einen hohen Ballaststoff-, Vitamin- und Mineralstoffanteil haben.

Während der Arbeit mit Diabetespatienten fand Dr. Andersons Arbeitsgruppe außerdem heraus, daß sich nicht nur der Blutzuckerspiegel normalisierte, sondern auch der Fettspiegel im Blut gesenkt wurde. In einem seiner Experimente gab Dr. Anderson 8 Männern mit hohem Cholesterinspiegel jeden Tag 100 g Haferkleie. 8 andere Patienten aßen die gleiche Diät ohne die Haferkleie. Während der Therapie mit der Haferkleiezugabe senkte sich der Anteil des schädlichen Cholesterins um 13%, und zwar ohne weitere ernährungsspezifische Maßnahmen wie etwa Reduzierung des Fettanteils in der Nahrung.

Wir sprechen von »schädlichem« Cholesterin, obwohl es zwei Haupttypen des Cholesterins gibt: wenig dichte Lipoproteide (LDL) und hoch dichte Lipoproteide (HDL). Nur LDL aber führt zu Ablagerungen in den Arterien und dadurch zu ihrer Verstopfung sowie zu einer Beeinträchtigung des Blutstroms zum und vom Herzen, die ein erhöhtes Risiko in sich birgt. Es ist genau diese schädliche Substanz, mit der sich die löslichen Fasern der Haferkleie in Form eines Polysaccharids, Betaglucan genannt, verbinden, um sie aus dem Körper zu entfernen. Das HDL aber ist für den Körper wichtig, weil es hilft, Ablagerungen in den Arterien abzubauen; es bleibt von den speziellen Wirkungsweisen der Haferkleie unbeeinträchtigt.

Lösliche Faserstoffe scheinen besonders für die Reduzierung des Anteils an schädlichem Cholesterin von Bedeutung zu sein, und sie haben zwei verschiedene Wirkungsweisen. Erstens verbinden sich lösliche Faserstoffe mit Gallensäuren und entfernen diese aus dem Körper. Gallensäuren entstehen durch Cholesterin in der Leber und werden vom Körper bei der Verarbeitung von Fett gebraucht. Werden sie gebunden und entfernt, kann weniger Cholesterin in den Blutstrom gelangen. Zweitens wird das meiste Cholesterin im Körper von der Leber hergestellt. Lösliche Faserstoffe werden aber auch von den Darmbakterien gebraucht, um Substanzen zu produzieren, die zur Leber transportiert werden, wo sie die Cholesterinproduktion unterbinden. Beides hilft, den Blutzuckerspiegel zu senken.

Dr. Anderson behauptet, man könne durch lösliche Faserstoffe in Form von Haferflocken und Bohnen den Cholesterinspiegel um bis zu 30% senken; das bedeutet, daß man bei der Behandlung des zu hohen Cholesterinspiegels weniger oft zu Tabletten greifen muß. Wichtig für die normale Ernährung aber ist die Tatsache, daß Haferflocken und Bohnen einem erhöhten Cholesterinspiegel von Anfang an entgegenwirken können. Doch sind Haferflocken natürlich keine »Wundermittel« oder eine »Wundernahrung«. Sie müssen Teil einer insgesamt vernünftigen Ernährung und Lebensführung sein, um wirksam zu werden.

Hafer in der Ernährung kann auch das verbreitete Problem des Bluthochdrucks vermindern helfen. Untersuchungen verschiedener Ernährungsweisen zeigen, daß Menschen, die sich hochfaserhaltig ernähren, insbesondere Vegetarier, seltener an Bluthochdruck leiden, und Dr. Andersons Arbeit bestätigt dies.

Diätetische Maßnahmen gegen den Bluthochdruck umfassen auch eine Reduzierung des Salzkonsums. Beide Maßnahmen zusammen sind besonders sinnvoll, weil dadurch der Tablettenverbrauch mit seinen unangenehmen Begleiterscheinungen eingeschränkt werden kann.
Auch die Anfälligkeit für Gallensteine kann durch lösliche Ballaststoffe vermindert werden. Denn, wie wir gesehen haben, durch die löslichen Ballaststoffe wird die Anzahl der Gallensäuren im Körpersystem gesenkt, und gerade diese führen in Kombination mit Cholesterin zur Gallensteinbildung.

Zusammenfassung

In einer Ernährung, die uns gesund erhalten bzw. all denjenigen helfen soll, die spezielle Gesundheitsprobleme haben, müssen wir dafür sorgen, daß wir beide Ballaststofftypen – die löslichen und die nicht löslichen – in ausreichender Menge zu uns nehmen, denn beide haben eine wichtige, wenn auch unterschiedliche Funktion, um uns fit und gesund zu halten. Wir brauchen die nichtlöslichen, kleieähnlichen Ballaststoffe, um der Verstopfung und anderen Verdauungsproblemen vorzubeugen; die löslichen Ballaststoffe benötigen wir, um das Gleichgewicht von Fetten und Zuckern im Blut zu gewährleisten.

Wir sollten dafür sorgen, daß unsere Ernährung zum großen Teil aus naturbelassenen Kohlenhydraten, die einen hohen Ballaststoffanteil haben, besteht, aus stärkehaltigen Lebensmitteln wie Kartoffeln, Bohnen, Erbsen, Mais, Vollkornbrot und Vollkornnudeln sowie aus Getreideflokken, aus braunem Reis und anderen Getreidesorten. Sie machen nicht dick, und sie sind wichtig für unsere Gesundheit. Es sind Lebensmittel, die uns Energie, Ballaststoffe, Vitamine und Mineralstoffe liefern. Daneben benötigen wir Eiweiß aus magerem Fleisch oder Fisch oder aus vegetarischen Gerichten; dazu etwas Käse, Eier und Milch. Außerdem brauchen wir eine bestimmte Menge pflanzlicher Fette oder Öle von Fischen, um unseren Körper mit essentiellen Fettsäuren zu versorgen, denn einige von ihnen kann er nicht selbst erzeugen. Neue Erkenntnisse über lösliche Ballaststoffe führen uns zu den Haferprodukten, die lange Zeit zugunsten von Weizen und Weizenprodukten vernachlässigt worden sind. Sie liefern nicht nur ein wertvolles Frühstück in Form von Haferschleim, Müsli, Brötchen oder Keksen, sondern es gibt viele andere Möglichkeiten, sie in den täglichen Speiseplan in vielen Geschmacksrichtungen und Zusammensetzungen einzubauen.

Wie Sie Ihre Ernährung durch Ballaststoffe reicher machen

Manche Leute streuen auf alles, was sie essen, Weizenkleie oder bevorzugen Frühstücksflocken mit Kleieanteil, doch dies allein ist noch kein Mittel, die Ballaststoffe in der Nahrung wesentlich zu erhöhen. Kleie kann bei einer Ernährung mit raffinierten Lebensmitteln, wie Weißbrot, Kuchen und Gebäck, Fleisch und Milchprodukten, die durch eine ballaststoffarme Ernährung hervorgerufenen Gesundheitsprobleme nicht lösen.
Der beste Weg zu ballaststoffreicher Ernährung ist, mehr naturbelassene Nahrungsmittel zu sich zu nehmen. Denn diesen sind bei der Nahrungsmittelherstellung nicht alle Ballaststoffe entzogen, wie es z.B. bei Weißmehl oder Zucker geschieht. Außerdem soll der Verzehr ballaststoffarmer und stark fetthaltiger Nahrungsmittel, wie Fleisch, Eier, Käse, Süßigkeiten und zuckerhaltiger Nahrungsmittel, stark eingeschränkt werden.

Wieviele Ballaststoffe sollte man essen?

Es ist schwer, genau anzugeben, welche Menge Ballaststoffe man täglich zu sich nehmen sollte. Man braucht sich auch gar nicht damit herumzuschlagen, die Ballaststoffaufnahme in gleicher Weise zu berechnen, wie es manche Schlankheitsfanatiker mit den Kalorien tun, denn das kann den Spaß am Essen nur verderben. Sinnvoll ist es, Eßgewohnheiten umzustellen und möglichst viele der aufgezählten Nahrungsmittel in die Ernährung mitaufzunehmen, um diese ballaststoffreicher zu machen und den Anteil an fetthaltigen, ballaststoffarmen Lebensmitteln zu reduzieren. Der Ballaststoffgehalt der Nahrung wird sich dann ganz von selbst einpendeln.

Natürliche Nahrungsmittel mit reichlich Ballaststoffen sind:

- Vollkornbrot, Vollkorn-Knäckebrot, Vollkornkräcker, Pittabrot, Hafer in Form von Instant Vollkornflocken, Schmelzflocken, Müsli, Haferkuchen, Keksen, Gebäck etc.
- Vollkorngebäck mit Instant Vollkornflocken oder zur Abwechslung mit Hafermehl gebacken.
- Brauner Reis und anderes Vollkorngetreide wie Hirse, Gerste, Vollweizen, Bulgur
- Vollkornmehl- und Buchweizennudeln
- Hülsenfrüchte wie getrocknete Bohnen, Erbsen, Linsen, Kichererbsen
- Frisches Obst mit Schale und Kerngehäuse
- Frisches Gemüse, gewaschen und geputzt, aber, wenn möglich, ungeschält. Essen Sie die Schalen von Folienkartoffeln mit und wählen Sie die faserhaltigen, frischen Sorten von Kopfsalat und anderen grünen Salaten statt eingefallener, welker Köpfe.
- Trockenfrüchte wie Backpflaumen, Datteln, Feigen, Aprikosen, Pfirsiche, Rosinen, Sultaninen, Korinthen und Kokosnuß.
- Nüsse und Samen nur mit Einschränkung verwenden, denn sie sind sehr fetthaltig und haben daher viele Kalorien.

Es gibt keinen »offiziell festgelegten« Ballaststoff-Richtwert, der eine bestimmte tägliche Aufnahme empfiehlt, wie es ihn für Nährstoffe, Vitamine und Mineralstoffe gibt. Dr. Denis Burkitt und Captain Surgeon Cleave, die ersten renommierten Ballaststofforscher, fanden heraus, daß die typisch westliche Art der Ernährung täglich nur 15–25 g Ballaststoffe enthält, im Gegensatz zu den Ernährungsgewohnheiten in sogenannten Entwicklungsländern, wo die Tageswerte bei 40–60 g liegen und Krankheiten, die auf ballaststoffarme Ernährung zurückzuführen sind, kaum vorkommen. Allgemein akzeptierte Werte empfehlen eine Menge von 30–35 g am Tag; mehr als 50 g täglich werden nicht angeraten.

Dr. Anderson rät seinen Patienten, die das Krankenhaus nach einer Diabetes- oder Herz-Kreislauf-Behandlung verlassen, jeden Tag eine Schüssel Haferschleim und 3 Haferbrötchen zu essen, um ihren Blutzucker- und Cholesterinspiegel intakt zu halten. Während seiner ersten Versuche mit Hafer aß Dr. Anderson täglich 75 g Haferkleie in Form von Frühstücksflokken und Haferbrötchen. Innerhalb von 5 Wochen fiel sein Cholesterinspiegel um 40%.

»Danach«, sagt er, »versuchte ich es mit Kranken!« Er fährt fort: »Unser nächstes Ziel war die Behandlung von Personen, die einen doppelt so hohen Cholesterinspiegel hatten wie gesunde. Wir wollten wissen, ob Hafer ihnen helfen würde, trotz einer Ernährung mit Fleisch, Eiern und den typischen Nahrungsmitteln unserer westlichen Ernährung. Sie nahmen täglich 75 g Haferkleie zu sich und konnten innerhalb von 10 Tagen bis 3 Wochen ihren Cholesterinspiegel um 20% senken und damit das Risiko von Herz-Kreislauf-Erkrankungen vermindern.«

»Nachdem mir klar geworden war, daß ich meinen Cholesterinspiegel herabsetzen konnte, wurde ich ein ›Anhänger‹. Sechs Jahre lang habe ich (wenn ich zu Hause war) jeden Morgen ein Haferbrötchen und eine Schüssel Haferschleim mit entrahmter Milch gegessen und zum Mittagessen zwei Haferbrötchen, um mir einen normalen Cholesterinspiegel zu erhalten.«

»Mir gefällt die Diät und was viel wichtiger ist, meinen Patienten auch. Wenn sie aus dem Krankenhaus entlassen sind, können sie einem Ernährungsplan folgen, dessen Schwerpunkt auf Haferschleim, Haferbrot, Haferkeksen oder Haferbrötchen liegt, und damit ihren Besserungszustand aufrechterhalten. Zwei Jahre nachdem sie das Krankenhaus verlassen hatten, ist der Cholesterinspiegel noch gleich oder sogar niedriger als bei Verlassen des Krankenhauses.

Besonders bei Männern in bestimmten Altersstufen besteht ein hohes Risiko für Herz-Kreislaufkrankheiten. Wenn sie regelmäßig Haferschleim essen, kann dies vorbeugend wirken und die Anfälligkeit für Herz-Kreislauf-Erkrankungen um 10–15% senken.«

Woher kommen die Haferflocken?

Die Heimat des Hafers ist der Norden Vorderasiens. Im 17. und 18. Jahrhundert verdrängte Hafer nach und nach die Gerste und den Roggen, weil er besser gedieh, doch im Zuge verbesserter landwirtschaftlicher Methoden lief im 19. Jahrhundert der Weizen dem Hafer den Rang ab. Bis heute aber wird Hafer noch in vielen Teilen der Welt angebaut. Die wichtigsten Anbaugebiete sind Nordamerika, Skandinavien, die UdSSR, Großbritannien, Australien und Argentinien. Man hat Haferkörner bei archäologischen Funden in allen Teilen Englands, aber auch in deutschen und nordischen Ausgrabungsstätten entdeckt.

Der Herstellungsprozeß

Eine Menge Stationen, nämlich insgesamt 33, müssen passiert werden, bevor aus dem Haferkorn eine Haferflocke geworden ist. Das beim Flokkenhersteller angelieferte Getreide wird zuerst einem gründlichen Sortierungsprozeß unterzogen, d.h., die Spreu muß buchstäblich vom Hafer getrennt werden: Unkrautsamen, Strohreste und andere Getreidekörner verunreinigen nämlich den Rohhafer. Erst die aussortierten Haferkörner können dann nach Kornlänge separiert werden, denn die Maschine schält nur Körner von jeweils gleicher Länge.

Die Hafermühle, die nächste Station der Haferkörner, hat zwar auch Mühlsteine, doch werden zwischen ihnen die Haferkörner nicht gemahlen oder zerkleinert; das Getreide durchläuft sie nur, damit die Spelzen entfernt werden. Millimetergenau muß der Mühlsteinabstand auf die jeweilige Kornlänge eingestellt sein. Durch die Bewegung der Körner im Schälgang

Haferbrötchen (Rezept S. 32)

und die Drehung der Steine springen die Spelzen vom Haferkorn ab. Dann durchlaufen Korn und abgelöste Spelzen eine Absauganlage in mehreren Stationen; die Spelzen werden abgesondert, die gereinigten Haferkörner auf Sieben sortiert. Große Kerne kann man direkt unter hochglanzpolierten Walzen zu großen Flocken pressen, aus ihnen werden die sogenannten »Kernigen«. Andere Kerne schneidet man zu Grütze und walzt daraus sogenannte »zarte« Flocken. Aus gemahlenen Haferkörnern oder Hafer-Vollkornmehl aber werden Instant Vollkornflocken oder Schmelzflocken, die sofort löslich sind.

Ausgewogenheit in die Ernährung bringen

Allein von Ballaststoffen können wir natürlich nicht leben! Wir brauchen Kohlenhydrate, Eiweiß und Fett, Vitamine und Mineralstoffe, um gesund und fit zu bleiben. Man kann fünf Grundprinzipien für gesundes Essen aufstellen:

1. Weniger Fett

Versuchen Sie, mit weniger als 75 g täglich auszukommen, einschließlich der versteckten Fette in Kuchen und Gebäck sowie im Kochfett. Nehmen Sie vorwiegend Fett zu sich, das mehrfach ungesättigte Fettsäuren enthält.

2. Weniger Zucker

Wir brauchen gar nicht unbedingt Zucker zum Tee, Kaffee oder auf dem Frühstückstisch. Versuchen Sie, auch versteckten Zucker in süßen Nahrungsmitteln wie Marmelade oder Fruchtjoghurts usw. zu vermeiden. Und denken Sie daran, daß zu den Zuckern auch Glukose, Dextrose, Sirup usw. gehören. Die Energie, die wir brauchen, sollten uns unraffinierte kohlenhydrathaltige Produkte liefern.

3. Weniger Salz

Machen Sie einen Anfang, indem Sie keinen Salzstreuer mehr auf den Tisch stellen und schränken Sie den Verbrauch beim Kochen stark ein. Es ist möglich, sich nach und nach das Salz abzugewöhnen und dabei den echten Geschmack der Lebensmittel wiederzuentdecken. Achten Sie auf verstecktes Salz in fertig gekauften Nahrungsmitteln, indem Sie die Etiketten genau lesen.

4. Weniger Fleisch

Fleisch ist für die Gesundheit nicht notwendig. Wenn Sie aber auf Fleisch nicht verzichten wollen, wählen Sie magere Stücke und möglichst weißes Fleisch oder Stücke, die wenig Fett enthalten. Fügen Sie beim Garen kein Fett mehr zu; Grillen kann man sehr gut ohne Fett. Fisch ist ein fettarmer Eiweißlieferant. Mit Eiweiß werden Sie aber auch ausreichend versorgt, wenn Sie zwei oder drei verschiedene pflanzliche Eiweißprodukte kombinieren: Nüsse und Samen, Getreideflocken und Hülsenfrüchte.

5. Mehr Ballaststoffe, Vitamine und Mineralstoffe

Das bedeutet vor allem, mehr frisches Obst und Gemüse. Essen Sie Vollkornbrot, Naturreis und Vollkornnudeln, Bohnen und andere Hülsenfrüchte und gute, vollwertige, natürliche Produkte wie Haferflocken.

Abgesehen von der richtigen Ernährungsweise hängt das Wohlbefinden auch noch von anderen Dingen ab. Sie können sich noch so gesund ernähren, wenn Sie dabei rauchen, setzen Sie Ihre Gesundheit aufs Spiel. Versuchen Sie also, das Rauchen einzuschränken oder besser ganz aufzugeben. Körperliche Betätigung ist ebenfalls sehr wichtig. Das von Experten festgelegte Tagesminimum an Bewegung liegt bei 15 Minuten Gymnastik, bestehend aus Übungen, die den Puls und damit die Stoffwechselleistung erhöhen. Diese Art der körperlichen Betätigung bewirkt, daß noch lange, nachdem Sie die Übung beendet haben, Kalorien verbrannt werden, da der Stoffwechsel noch für eine Weile mit einem höheren Tempo arbeitet. Sport hält außerdem die Muskeln – und Sie selbst – in Form, was ebenso wichtig ist wie die Gewichtskontrolle nach Zahlen.

Ein anderer Aspekt der ausgewogenen Ernährung ist, daß man beim Alkoholkonsum maßhält. Sie sollten sich ein Limit von nicht mehr als einem oder zwei Gläschen Wein oder Bier am Tag setzen. Es gibt viele wohlschmeckende nichtalkoholische Getränke sowie alkoholfreie Biersorten. Alkohol enthält, wie auch der Zucker, »leere Kalorien«, d.h., er gibt Ihnen keine Vitalstoffe (wie Vitamine und Mineralstoffe), sondern eben nur Kalorien. Damit er verarbeitet werden kann, entzieht er dem Körper Stoffe, die für lebenswichtige Körperfunktionen dringend gebraucht werden und uns z.B. vor Erkältungen und Infektionskrankheiten schützen.

Hier sind einige Vorschläge für einen gesünderen Tagesspeiseplan, aus denen auch die Vielseitigkeit der Haferprodukte deutlich wird.

Frühstück

- Haferschleim
- Müsli – auf der Basis von Hafer und/oder Gerste, Hirse, Sonnenblumenkernen, Sesamsamen, Kürbiskernen, Trockenfrüchten, Nüssen – serviert mit Naturjoghurt, Milch oder Fruchtsaft mit Mineralwasser gemischt.
- Haferbrötchen
- Kleie- und Haferbrötchen
- Frühstücksflocken mit Hafer und Trockenfrüchten
- Pfannkuchen aus Instant Vollkornflocken, frischem Hafer- oder anderem Vollkornmehl
- Waffeln – aus Instant Vollkornflocken, frischem Hafer- oder anderem Vollkornmehl
- Frühstückskekse – aus Instant Vollkornflocken, frischem Hafer- oder anderem Vollkornmehl
- Vollkornbrot oder Vollkorntoast – mit dünn aufgestrichener Pflanzenmargarine und zuckerarmer Konfitüre, Marmelade, Honig oder Hefeextrakt.
- Kompott aus Trockenfrüchten
- Frisches Obst
- Naturjoghurt
- Eier aus Bodenhaltung, gekocht oder als Rührei (ohne Fett oder Salz)
- Frische Milch oder Ziegenmilch
- Mineralwasser
- Kräutertees
- Entcoffeinierter Kaffee

Desserts

- Naturjoghurt – solo oder mit frischem Obst oder Honig
- Frisches Obst – Salate, Platten
- Obst mit darübergestreuten Haferflocken
- Pfannkuchen – mit Fruchtfüllung oder mit Zitronensaft und Honig bestrichen
- Eis – mit geröstetem Hafermehl bestreut
- Fruchtcreme – aus frischem oder getrocknetem Obst mit knsuprigen Haferflocken darüber
- Käsekuchen – aus fettarmem Quark mit Biskuitboden aus Vollkornmehl
- Fruchttörtchen – aus Vollkornmehl

Tabelle löslicher Ballaststoffe

	Ballaststoffe (g/100 g)			Energie
	lösliche	nicht-lösliche	insgesamt	Kalorien
Getreideprodukte				
Hafer-Crunchies	3,06	2,52	5,58	370
Kleie	3,74	18,73	22,47	273
Haferkleie	15,30	15,10	30,40	173
Geschroteter Weizen	2,13	7,69	9,82	324
Cornflakes	0,17	0,47	0,64	364
Haferflocken	8,50	6,80	15,30	371
Roggenmehl	3,99	7,86	11,85	335
Dunkles Mehl	1,93	5,12	7,05	327
Weißmehl	1,39	0,90	2,29	337
Graubrot	1,37	2,88	4,25	223
Weißbrot	1,16	0,44	1,60	233
Maismehl	0,06	0,04	0,10	354
Grieß	1,06	1,19	2,25	350
Reis und Teigwaren				
Vollweizenspaghetti	2,18	6,78	8,96	338
Spaghetti	1,67	1,05	2,72	370
Makkaroni	1,40	1,22	2,62	370
Brauner Reis	0,12	1,62	1,74	350
Weißer Reis	0,11	0,39	0,50	360

Zwischengerichte und Gebäck

- Hafermehlbrot
- Ballaststoffreicher Kuchen
- Knusprige Haferflockenriegel
- Aprikosen- und Dattelscheiben
- Haferkuchen mit etwas Käse
- Appetithappen aus Vollkornbrot
- Frisches Obst
- Trockenfrüchte
- Nüsse
- Joghurt
- Suppen aus Instant Haferflocken oder frischem Hafermehl
- Folienkartoffeln

	Ballaststoffe (g/100 g)			Energie
	lösliche	nicht-lösliche	insgesamt	Kalorien
Gemüse/Hülsenfrüchte				
Wachsbohnen	6,39	8,72	15,11	271
Gekochte weiße Bohnen	2,80	3,30	6,10	272
Gebackene Bohnen	1,70	1,50	3,20	64
Kohl	1,31	1,39	2,70	22
Karotten	1,09	1,21	2,30	23
Rosenkohl	0,80	2,52	3,32	26
Stangenbohnen	0,70	3,72	4,42	26
Kartoffeln	0,67	0,62	1,29	87
Tomaten	0,65	1,27	1,68	14
Kopfsalat	0,38	0,55	0,93	12
Früchte/Nüsse				
Haselnüsse	1,45	2,88	4,32	380
Erdnüsse	0,90	5,10	6,00	570
Äpfel	0,72	1,21	1,93	46
Rosinen	0,70	1,00	1,70	246
Bananen	0,61	0,50	1,11	79

Die Tabelle wurde vom Britischen Informationsbüro für Getreide erstellt.

Mittag- oder Abendessen

- Suppen aus Gemüse, Hülsenfrüchten, Vollkornnudeln
- Salate – roh oder aus blanchiertem Gemüse
- Fisch – gegrillt oder pochiert
- Geflügel oder Wild – gegrillt oder pochiert
- Quiches aus Vollkornmehl- oder Haferteig
- Aufläufe aus Vollkornmehl- oder Haferteig
- Bohnen-Gerichte wie Chilli con Carne, Salate, Eintöpfe

– Happen – appetitanregende Zusammenstellungen von Gemüse und Bohnen, darüber Vollkornmehl, Käse und Haferflocken
– Brauner Reis für Paella, Risotto, Currygerichte, gefülltes Gemüse, Salate
– Teigwaren – aus Vollkorn- oder Buchweizenmehl
– Pfannkuchen – gefüllt mit Gemüse, Fleisch oder Fisch, aus Vollkornmehl und Haferprodukten
– Hering und Fischfrikadellen – paniert mit Haferflocken
– Geflügel – gefüllt mit Haferflocken für extra Ballaststoffe
– Sandwiches aus Vollkorntoast oder Haferbrot
– Geröstetes Roggenbrot oder Haferkuchen und darüber Gemüsesalat und Fisch oder Eier
– Pizza aus Vollkornmehl oder Haferteig
– Reissalat
– Vollkornnudelsalat
– Quiches – Vollkorn- oder Haferteig
– Kekse – pikant
– Pittabrote – gefüllt mit Salat und Bohnen oder anderen eiweißhaltigen Zutaten
– Frikadellen auf Gemüsebasis
– Salate aus Wurzel- und grünem Gemüse plus Bohnen oder Nüssen und Samen oder Käse, Fisch, mageres Fleisch
– Müsli – schmeckt zu jeder Tageszeit!

Hafermehl

Hafermehl wird in vielen Rezepten verwendet. Es wird hergestellt, indem man einfach Hafer oder grobes Hafermehl in einer Mühle zu feinem Mehl mahlt. Halten Sie immer ein Gläschen davon bereit, um Ihren Speisen Haferkraft zu geben!

Frühstück

Dr. Andersons Haferbrötchen

Ergibt 24 Stück   2 g Ballaststoffe
63 Kalorien pro Brötchen

100 g Haferkleie und Haferkeime
100 g Instant Vollkornflocken oder frisches Hafermehl
220 g Vollkornweizenmehl
2 TL Backpulver
350 ml entrahmte Milch
2 TL Pflanzenöl
2 Eiweiß
Variation:
Fügen Sie entweder
50 g Rosinen
oder 150 ml Apfelmus
oder 1 gewürfelte Birne hinzu.

Brioche- oder Pastetenförmchen leicht einfetten und den Ofen auf 190 °C (Gas Stufe 5) vorheizen.
Haferkleie, Mehl und Backpulver in eine Schüssel sieben. Wenn Rosinen verwendet werden, diese gewaschen und abgetrocknet in das Mehl rühren.
Milch mit Öl mischen und nach Wunsch mit dem Apfelmus oder der gewürfelten Birne in das Mehl geben.
Eiweiß steifschlagen und unter die Masse heben.
Den Teig in die eingefetteten Briocheformen oder in kleine Kuchenförmchen aus Folie geben und 25 Minuten backen.

Kokosnuß-Müsli

4 Personen   5 g Ballaststoffe
250 Kalorien pro Portion

4 EL kernige Haferflocken
2 EL Hirseflocken
1 EL Sonnenblumenkerne
1 EL Rosinen
1 EL Mandelblättchen
1 EL geraspelte Kokosnuß
1 EL Weizenkeime

Alle Zutaten gut vermischen, so daß Rosinen und Nüsse gleichmäßig verteilt sind!

Müsli portionsweise in Frühstücksschüsselchen verteilen und über Nacht entweder in Fruchtsaft (wie Apfelsaft) oder Mineralwasser einweichen. Sie können auch Naturjoghurt oder Buttermilch verwenden.

Maisbrötchen

Ergibt 12 Stück 0,5 g Ballaststoffe
75 Kalorien pro Brötchen

Fett für die Förmchen
1 Ei, getrennt
1 Eigelb
2 EL Maiskeimöl
2 EL Milch
100 g Maismehl
50 g Instant Vollkornflocken oder frisches Hafermehl
1 TL Backpulver

12 Brioche- oder Pastetenförmchen leicht einfetten und den Ofen auf 200 °C (Gas Stufe 6) vorheizen.
Ei, Eigelb, Öl und Milch verquirlen. Das Maismehl mit dem Hafermehl und dem Packpulver in eine Rührschüssel sieben.
Flüssigkeit untermischen und den Teig in die vorbereiteten Backförmchen verteilen.
20 Minuten im Ofen auf der mittleren Schiene backen. Aus dem Ofen nehmen und in der Form leicht abkühlen lassen, dann herausnehmen und warm servieren. Sehr delikat zum Frühstück mit wenig Butter und Honig.

Maisbrötchen

Nahrhafte Croissants

Ergibt 16 Stück 2 g Ballaststoffe
190 Kalorien pro Croissant

Fett für das Backblech
320 g Vollkornweizenmehl
100 g Instant Vollkornflocken oder frisches Hafermehl
180 ml Kondensmilch
120 ml Wasser
1 EL Honig
1 Würfel Hefe
1 zerstoßene Vitamin-C-Tablette
220 g Butter
Eigelb oder Milch zum Bestreichen

2 Backbleche leicht einfetten und den Ofen auf 230 °C (Gas Stufe 8) vorheizen.
Mehl in eine Rührschüssel sieben. Milch, Wasser und Honig in einem kleinen Topf leicht anwärmen. Von der Herdplatte nehmen. Hefe und Vitamin C einkrümeln und alles gut mischen.
Die Mischung in das Mehl geben und einen Teig rühren. Zugedeckt stehenlassen, während die Butter mit einer dick bemehlten Kuchenrolle auf einer bemehlten Arbeitsfläche zu einem flachen Rechteck gerollt wird.
Den Teig ebenfalls zu einem Rechteck ausrollen und die Butter darauflegen. Falls dies schwierig ist, die Butter mit einem Streichmesser abheben. Die Butter in den Teig einschlagen und 3mal falten. Zugedeckt für 30 Minuten in den Kühlschrank stellen.
Danach den Teig mit der eingeschlagenen Seite nach unten hinlegen und wieder ausrollen. 3mal falten. Erneut ausrollen und nochmals falten. Teig zugedeckt für weitere 20 Minuten in den Kühlschrank stellen. Das Ganze noch zweimal wiederholen und jedesmal zwischen Rollen und Falten für 20 Minuten in den Kühlschrank stellen. Am Ende zugedeckt nochmals 15–20 Minuten stehenlassen.
Teig in 2 Hälften teilen und jede Hälfte zu einer runden Platte ausrollen. Diese in 16 Stücke schneiden und jeden Croissant von außen nach innen zusammenrollen.
In Halbmondform biegen und auf ein leicht geöltes Backblech legen. Zugedeckt an einem warmen Ort gehenlassen, bis die Brötchen sich um das 1½- bis 2fache vergrößert haben. Mit leicht verquirltem Ei oder Milch bestreichen und 20 Minuten backen.

Feigenbrötchen

Ergibt 8 Stück 2 g Ballaststoffe
118 Kalorien pro Brötchen

Fett für die Förmchen
3 EL Sesam- oder Sonnenblumenöl
5 EL entrahmte Milch
1 EL Rübenkraut
100 g Vollkornweizenmehl
1 TL Backpulver
50 g kernige Haferflocken
50 g getrocknete, feingehackte Feigen
1 Ei

8 Briocheförmchen leicht einfetten und den Ofen auf 190 °C (Gas Stufe 5) vorheizen.
Öl mit 3 Eßlöffel Milch und dem Rübenkraut in einem kleinen Topf bei schwacher Hitze verrühren. Wenn die Masse warm ist, von der Herdplatte nehmen.
Das Mehl mit dem Backpulver in eine Rührschüssel sieben und die Haferflocken dazugeben. Die vorbereiteten Feigen ebenfalls in das Mehl rühren.
Die Ölmischung hineingießen. Das Ei mit der restlichen Milch leicht

verquirlen und zu der Mischung geben. Gut verrühren.
Die Mischung eßlöffelweise in die Förmchen geben und 20–25 Minuten backen, bis sie fest und goldbraun sind.

Früchte-Nuß-Müsli

8 Personen 7,7 g Ballaststoffe
300 Kalorien pro Portion

75 g getrocknete Aprikosen
75 g Datteln
75 g Mandeln
75 g Walnüsse
40 g Sonnenblumenkerne
350 g kernige Haferflocken

Aprikosen und Datteln grob hakken. Mandeln und Walnüsse fein hacken. Sonnenblumenkerne in einer trockenen Pfanne rösten und zusammen mit den anderen Zutaten unter die Haferflocken mischen. Gut verrühren und bis zum Gebrauch in einem luftdichten Behälter aufbewahren.

Apfelrohkost

2 Personen 1,5 g Ballaststoffe
300 Kalorien pro Portion

2 mittlere Äpfel
1 Becher Joghurt, 2 TL Honig
6 gehäufte EL Köllns Kernige Haferflocken

Die Äpfel werden geschält oder ungeschält gerieben, geraffelt oder in kleine Stückchen geschnitten und mit dem Joghurt und Honig verrührt. Köllns Kernige darübergeben und untermischen.
Geriebene Haselnüsse, ein paar Rosinen oder eine Prise Zimt sorgen für Abwechslung.

Weizenkeim-brötchen

Ergibt 12 Stück 2 g Ballaststoffe
140 Kalorien pro Brötchen

Fett für die Förmchen
3 EL Sesamöl
2 EL Honig
1 EL Rübenkraut
100 g Vollkornweizenmehl
50 g Weizenkeime
50 g Haferflocken
3 TL Backpulver
1 Ei
100 g Sultaninen
50 g gehackte Walnüsse
1 geriebener Apfel
6 EL Wasser

12 Briocheförmchen leicht einfetten und den Ofen auf 190 °C (Gas Stufe 5) vorheizen.
Das Öl mit dem Honig und dem Rübenkraut in einem kleinen Topf erwärmen, aber nicht heiß werden lassen.
Die restlichen Zutaten, außer dem Wasser, in eine Rührschüssel geben, die warme Masse darübergie-

Apfelrohkost

ßen und alles gut verrühren. Soviel Wasser zugeben, daß die Mischung zähflüssig ist.
Die Masse in die Förmchen geben und die Brötchen 20–30 Minuten backen.

Heiße Waffeln

Ergibt 8 Stück 1,5 g Ballaststoffe
135 Kalorien pro Waffel

100 g Vollkornweizenmehl
50 g Instant Vollkornflocken oder frisches Hafermehl
2 TL Backpulver
2 Eier, getrennt
300 ml entrahmte Milch
50 g weiche, zerlassene Pflanzenmargarine
etwas Fett für das Waffeleisen

Waffeln ergeben ein leckeres warmes Frühstück, ähnlich wie Pfannkuchen, aber sie machen weniger Arbeit. Geben Sie Naturjoghurt, frisches Obst, Fruchtpürees, eingemachte Früchte oder etwas Honig darüber.
Mehl mit Backpulver in eine Rührschüssel sieben.

In der Mitte eine Vertiefung machen und die leicht verquirlten Eigelb mit etwas Milch hineingeben. Mit einer Gabel verschlagen und langsam das Mehl einarbeiten.
Wenn die Masse dick wird, mehr Milch in den Teig geben.
Eiweiß steifschlagen. Zerlassene Margarine langsam in den Teig tropfen lassen. Eiweiß unterheben.
Das Waffeleisen einschalten, leicht fetten und jeweils 2 oder 3 Eßlöffel Teig daraufgeben. Deckel schließen und 1–2 Minuten backen, bis die Waffel goldbraun ist. Heiß servieren.

Haferbrötchen

Ergibt 16 Stück 0,55 g Ballaststoffe
115 Kalorien pro Brötchen

20 g Hefe, ½ TL Zucker
¼ l lauwarme Milch
375 g Vollkornweizenmehl
125 g Köllns Kernige Haferflocken
½ EL Salz
Milch zum Bepinseln des Teiges
Sesam, Kümmel oder Köllns Kernige zum Bestreuen der Brötchen

Hefe mit Zucker und Milch verrühren. ⅔ des Mehls werden dazugesiebt und untergerührt. Das restliche Mehl dazusieben. Köllns Kernige und Salz am Schüsselrand verteilen. So lassen Sie den Teig an einem warmen Ort ca. 20–30 Minuten gehen.
Dann den Teig gut durcharbeiten und auf einer bemehlten Arbeitsfläche zu einer Rolle formen. Sie schneiden Stücke davon ab, aus denen Sie Kugeln formen (90–100 g) und legen sie auf ein gefettetes Backblech, bestreichen sie mit Milch, lassen sie 20–60 Minuten gehen. Kurz vor dem Backen bestreichen Sie sie nochmals mit Milch und streuen nach Belieben, Sesam, Kümmel oder Köllns Kernige darauf. Köllns Kernige auf den Brötchen vor dem Backen noch einmal mit Milch betupfen. Damit die Brötchen in der Mitte gut auseinanderplatzen, vor dem Backen etwa 1 cm tief einschneiden. Für Rosinenbrötchen werden je Brötchen 8 g Rosinen (1 flach gefüllter EL) mit in den Teig geknetet.
Das Salz sollte auf knapp ½ TL reduziert werden.
Backzeit: ca. 20–25 Minuten, mittlere Einschubleiste, bei 240 °C.

Möhrenflocken

1 Person 2,25 g Ballaststoffe
460 Kalorien pro Portion

2 große Möhren
1 TL Zitronensaft
1 EL Honig, 2 EL Sahne
5 EL Köllns Kernige Haferflocken

Die Möhren werden geputzt, gerieben und mit dem Zitronensaft übergossen. Sahne und Köllns Kernige Haferflocken und Honig hinzufügen und alle Zutaten verrühren.

Möhrenflocken

Sehr erfrischend schmecken Möhrenflocken aus einer Mischung von geriebenen Möhren und geriebenem Apfel.

Haferbrot

17,5 g Ballaststoffe
3718 Kalorien pro Brot

40 g Hefe, 1 TL Zucker
½ l lauwarme Milch
750 g Vollkornmehl
250 g Köllns Kernige Haferflocken
20 g Salz, etwas Milch

Die zerbröckelte Hefe mit dem Zukker und der Milch verrühren, ⅔ des Mehls dazusieben und unterrühren. Dann sieben Sie das restliche Mehl auf den Vorteig, verteilen Köllns Kernige und das Salz am Schüsselrand und lassen den Teig an einem warmen Ort (mit einem Tuch abgedeckt) ca. 20–30 Minuten gehen. Anschließend gut durcharbeiten, der Teig muß sich vom Schüsselrand lösen. Wenn er zu fest ist, ein wenig Milch, wenn er klebt, etwas Mehl hinzufügen und den Teig auf der bemehlten Arbeitsfläche durchkneten. Dann 1 oder 2 Brote formen, in Köllns Kernigen wälzen und auf ein gefettetes Backblech legen. Das Brot mit Milch bepinseln und noch einmal an einem warmen Platz zugedeckt aufgehen lassen, wieder mit Milch bestreichen und bei 240–250 °C, mittlere Einschubleiste, ca. 45–50 Minuten backen.

Eine würzige Variante ist das **Kräuterbrot**, für das Sie folgende Kräutermischung – frisch und nicht zu klein gehackt – unter den Teig kneten:
2 gehäufte EL Schnittlauch
2 gehäufte EL Zwiebeln
2 EL Dill
2 EL Petersilie
etwas Estragon.

Frühstücksfladen

Ergibt 8 Stück 2,5 g Ballaststoffe
150 Kalorien pro Keks

Fett für das Backblech
100 g Fertigmüsli ohne Zucker
150 ml Wasser
100 g Vollkornweizenmehl
2 TL Backpulver
50 g Butter
50 g Sultaninen
Milch oder verquirltes Ei zum Bestreichen

Backblech leicht einfetten und den Ofen auf 230 °C (Gas Stufe 8) vorheizen.
Müsli in eine Schüssel geben und das Wasser einrühren. Einweichen bis die Flocken quellen (ungefähr 30 Minuten oder über Nacht im Kühlschrank).
Das Mehl mit dem Backpulver in eine Rührschüssel sieben. Butter hineinflocken, bis der Teig krümelig ist. Sultaninen waschen, abtrocknen, unterrühren.

Das eingeweichte Müsli dazugeben und alles zu einem weichen Teig verrühren. Auf einer leicht bemehlten Arbeitsfläche etwas kneten, bis der Teig geschmeidig ist und seine Form behält.
In einer runden Platte von 18 cm Durchmesser auf das Backblech legen und die Oberfläche mit einem scharfen Messer in 8 Teile einteilen.
Mit etwas Milch oder verquirltem Ei bestreichen und 20 Minuten backen.

Haferschleim

1 Person 7 g Ballaststoffe
100 Kalorien

Für einen einfachen Haferschleim, den Sie zu jeder Tages- und Nachtzeit essen können, eine Handvoll Haferflocken (das sind ungefähr 2 EL) in einem kleinen Topf mit 150 ml Wasser oder entrahmter Milch bei mäßiger Hitze verrühren, bis die Masse dick und cremig wird. Das dauert etwa 3–5 Minuten.

Frisch zubereiteter Haferschleim

Bircher Müsli

Müsli nach Bircher-Benner

4 Personen 3,6 g Ballaststoffe
563 Kalorien pro Portion

200 g Köllns Kernige Haferflocken
¼ l Milch
⅛ l Sahne
4 Äpfel, 2 Bananen
1 Zitrone (Saft)
4 Apfelsinen
50 g gehackte Haselnüsse
2 EL Honig

Köllns Kernige mit Milch und Sahne übergießen und weichen lassen.

In der Zwischenzeit die Äpfel in Stückchen schneiden oder grob raffeln, geschälte Bananen in Scheiben schneiden und mit dem Zitronensaft übergießen sowie Apfelsinen schälen und in kleine Stücke schneiden. Mit dem Honig gesüßt und gehackten Haselnüssen bestreut, werden alle Zutaten unter die eingeweichten Kernigen gehoben.

Anstelle der Haselnüsse können Sie auch gehackte Mandeln verwenden.

Granola hausgemacht

Ergibt 14 Portionen
3 g Ballaststoffe
190 Kalorien pro Portion

Fett für das Blech
4 EL Sesam-, Maiskeim- oder Sojaöl
2 EL Honig
3 Tropfen Vanilleessenz
220 g kernige Haferflocken
50 g Sonnenblumenkerne
50 g Haselnüsse (zur Hälfte ganz, zur Hälfte gehackt)
50 g Mandelblättchen
50 g Kokosraspeln
50 g Weizenkeime
50 g Rosinen oder Sultaninen

Eine große, flache Backform leicht einfetten und den Ofen auf 190 °C (Gas Stufe 5) vorheizen.

Öl und Honig in einem kleinen Topf bei schwacher Hitze verrühren. Von der Herdplatte nehmen und Vanille zufügen.

Die restlichen Zutaten, außer den Rosinen, in eine Rührschüssel geben und das Öl darübergießen. Gut durchrühren.

In die vorbereitete Backform geben und 30 Minuten backen. Alle 5–7 Minuten umrühren und die Mischung umdrehen, damit sie gleichmäßig geröstet wird. Aus dem Ofen nehmen.

Abkühlen lassen und die gewaschenen, abgetrockneten Rosinen hineinrühren. Nach dem völligen Abkühlen in luftdichten Behältern aufbewahren.

Granola hausgemacht

Einfache Vollkorncroissants

Einfache Croissants

Ergibt 12 Stück 2 g Ballaststoffe
185 Kalorien pro Croissant

Fett für das Backblech
220 g Vollkornweizenmehl
100 g Instant Vollkornflocken oder frisches Hafermehl
175 g Butter
200 ml entrahmte Milch
10 g Hefe
1 EL Honig
1 zerstoßene Vitamin-C-Tablette
Eier oder Eigelb zum Bestreichen

Ein Backblech leicht einfetten und den Ofen auf 230 °C (Gas Stufe 8) vorheizen.

Mehl in eine Rührschüssel sieben, die Butter hineinflocken.

Milch erwärmen. Hefe und Vitamin C hineinkrümeln und den Honig einrühren. Milch über das Mehl gießen und gut verrühren. Den Teig zugedeckt 10 Minuten stehenlassen.

Auf einer bemehlten Arbeitsfläche leicht kneten und den Teig zu einem großen Kreis ausrollen. In Viertel schneiden und jedes Viertel in 3 Teile teilen. Jedes Teil von außen nach innen aufrollen und zu einem Halbmond biegen. Auf das Blech legen und zugedeckt stehenlassen, bis der Teig schön aufgegangen ist.

Mit Milch oder verquirltem Ei bestreichen und 20 Minuten backen.

Hauptgerichte

Spinatpfannkuchen

Ergibt 10 Stück 6 g Ballaststoffe
145 Kalorien pro Pfannkuchen

Fett für die Form
250 g tiefgefrorener Spinat oder
500 g frischer Spinat
1 EL frisches Hafermehl
1 EL Butter
oder Pflanzenmargarine
frisch geriebene Muskatnuß
1 Prise Meersalz, frisch gemahlener schwarzer Pfeffer
75 g reifer, geriebener Cheddar-Käse

Pfannkuchen backen (Seite 47). Eine feuerfeste Form leicht einfetten und den Ofen auf 180 °C (Gas Stufe 4) vorheizen.
Spinat in reichlich kaltem Wasser waschen, damit kein Sand und Schmutz zurückbleibt. Naß in einen großen Topf geben, mit einem Deckel zudecken und 5 Minuten kochen, dabei den Topf ein oder zweimal schütteln. (Man braucht dem Spinat nicht noch mehr Wasser zufügen.) Bei tiefgefrorenem Spinat diesen nach dem Auftauen auf einem Sieb etwas abtropfen lassen und leicht erhitzen.
Den Spinat mit dem Hafermehl im Mixer zu Püree mixen. Wieder in den Topf geben und bei schwacher Hitze unter Rühren die Milch hineingießen; solange kochen, bis das Püree dick geworden ist.
Nach Geschmack würzen und die Mischung auf die Pfannkuchen verteilen. Pfannkuchen aufrollen und in die feuerfeste Form legen. Käse darüberstreuen und 20 Minuten überbacken.

Kleine Pizza

6 Personen 4,5 g Ballaststoffe
315 Kalorien pro Portion

250 g Vollkornweizenmehl
100 g Instant Vollkornflocken oder frisches Hafermehl

3 TL Backpulver
75 g weiche Pflanzenmargarine
1 TL Senfpulver
50 g geriebener Gruyère-Käse
etwas Cayenne-Pfeffer
2 TL Zitronensaft
150 ml entrahmte Milch
Fett für das Backblech
Für den Belag:
1 gewürfelte Zwiebel
1 gewürfelte grüne Paprikaschote
1 geriebene Karotte
2 in Scheiben geschnittene Stangensellerie
1 EL Maiskeim- oder Sojaöl
400 g Tomaten aus der Dose
frisch gemahlener schwarzer Pfeffer
1 TL Oregano
1 TL getrocknetes Basilikum
etwas Kartoffelmehl oder Pfeilwurz

Den Ofen auf 190 °C (Gas Stufe 5) vorheizen.
Das Mehl mit dem Backpulver in eine Rührschüssel sieben, das Fett zugeben. Senfpulver, Käse und Cayenne-Pfeffer unterrühren. Zitronensaft zu der Milch gießen und beides in die Mehlmischung einrühren.
Auf einer leicht bemehlten Arbeitsfläche die Masse leicht zu einem geschmeidigen Teig kneten. Zu einer runden Platte ausrollen, auf ein Backbrett legen und mit einer Tortenbodenform einen 22 cm großen Kreis ausstechen. Diesen auf das gefettete Backblech legen.
Für den Belag Zwiebel, Paprika, Karotte und Sellerie mit dem Öl in eine schwere Pfanne geben und zudecken.
5 Minuten erhitzen, bis alle Gemüse leicht angebraten sind.
Abgetropfte Tomaten, Pfeffer und Kräuter dazugeben und die Tomaten mit einem Löffel aufbrechen. Ohne Deckel weitere 10 Minuten kochen, bis die Masse eindickt. Wenn sie noch zu flüssig ist, mit etwas Kartoffelmehl oder in Wasser aufgelöster Pfeilwurz andicken. Auf die kleine Pizza geben und diese 20–25 Minuten im vorgeheizten Ofen backen.

Hähnchen-Kerbel-Kroketten

Ergibt 16 Stück 0,5 g Ballaststoffe
60 Kalorien pro Krokette
(inklusive der Haferkruste)

Für die Haferkruste:
50 g Vollkornbrotkrumen
25 g kernige Haferflocken
25 g Sesamsamen

Alle Zutaten mischen und in eine trockene Pfanne geben. Rösten, dabei ab und zu rühren, damit sie gleichmäßig bräunen und nicht anbrennen.

Für die Kroketten:
4 Hähnchenbruststücke (500 g), ohne Knochen

Hähnchen-Kerbel-Kroketten

250 g fettarmer Frischkäse
½ unbehandelte Zitrone, Schale und Saft
1 EL frischgehackter Kerbel
1 TL Senf
2 Eiweiß

Ein Backblech leicht einfetten und den Ofen auf 200 °C (Gas Stufe 6) vorheizen.
Hähnchenfleisch kleinschneiden und mit dem Käse, Kerbel, Zitronenschale, Saft und Senf in einer Schüssel verrühren, dann in einem Mixer zu Püree schlagen.
Eiweiß steifschlagen und zuerst 2 Eßlöffel, dann den Rest unterheben, damit die Masse luftiger wird.
Kroketten formen und in der Haferkrustenpanade wälzen. Auf das Backblech legen und 20 Minuten backen, zwischendurch einmal umdrehen.

Orientalische Fischfrikadellen

4 Personen 0,5 g Ballaststoffe
195 Kalorien pro Portion

1 Makrele, filetiert und enthäutet
150 g Kabeljau, filetiert und enthäutet
100 g gekochte, zerstampfte Kartoffeln

1 gepreßte Knoblauchzehe
1 geriebene Zwiebel
1 leicht verquirltes Ei
frisch gemahlener schwarzer Pfeffer
Öl zum Braten
Für die Sauce:
2 EL Tomatenpüree
1 geriebene Zwiebel
1 feingewürfelte rote Paprikaschote
Saft 1 Zitrone
2 TL gemahlener Kümmel
2 TL Rotweinessig
1 TL Honig
600 ml Wasser
1 TL frisches Hafermehl
2 TL Pflanzenöl

Den vorbereiteten Fisch zerkleinern, mit den übrigen Zutaten gut vermengen und 8 Bällchen daraus formen.
Eine Bratpfanne mit Öl einfetten und die Fischfrikadellen von allen Seiten leicht anbraten.
Für die Sauce alle Zutaten mischen (außer dem Hafermehl und dem Öl).
Das Hafermehl mit dem Öl in einem kleinen Topf unter ständigem Rühren mäßig erhitzen.
Nach und nach die anderen Zutaten für die Sauce unterrühren und zuletzt die Fischfrikadellen vorsichtig hineinlegen.
Zugedeckt bei schwacher Hitze 30 Minuten ziehenlassen. Ab und zu rühren, damit die Sauce geschmeidig bleibt und nicht am Topfboden anklebt.

Spinatsoufflé

4 Personen 3 g Ballaststoffe
140 Kalorien pro Portion

Fett für die Form
50 g weiche Pflanzenmargarine
50 g Instant Vollkornflocken oder frisches Hafermehl
300 ml entrahmte Milch
abgeriebene Muskatnuß
frisch gemahlener schwarzer Pfeffer
25 g geriebener Gruyère-Käse
175 g Spinat, gekocht und kleingehackt
4 Eier, getrennt

Eine 18 cm große Souffléform leicht einfetten und mit einer doppelten Lage Pergamentpapier eine Manschette formen und um den Rand der Form legen, so daß sie mindestens 5 cm höher als die Form ist. Ofen auf 190 °C (Gas Stufe 5) vorheizen.
Fett und Mehl in einer Pfanne bei schwacher Hitze zu einer Mehlschwitze verrühren. Für eine dicke Sauce die Milch langsam dazugeben. Muskatnuß und schwarzen Pfeffer einrühren und die Sauce von der Herdplatte nehmen, dann den Spinat und den Käse unterrühren. Eigelb leicht verquirlen und ebenfalls untermischen.
Eiweiß steifschlafen und erst 2 Eßlöffel, dann den Rest unter die Mischung heben, damit sie luftiger wird. Sofort in die vorbereitete Souffléform füllen.

Das Soufflé 40 Minuten backen, bis es fest und aufgegangen ist. Sofort mit grünem Salat servieren.

Spinatroulade

8 Personen 2 g Ballaststoffe
195 Kalorien pro Portion

75 g weiche Pflanzenmargarine
50 g Vollkornweizenmehl
50 g Instant Vollkornflocken oder frisches Hafermehl
600 ml entrahmte Milch
3 Eier, getrennt
2 EL Parmesan-Käse
175 g tiefgefrorener Spinat, aufgetaut oder
500 g frischer Spinat
175 g geschälte Garnelen

Eine Backschale mit fettbeständigem Papier auslegen und den Ofen auf 180 °C (Gas Stufe 4) vorheizen.
Margarine mit dem Mehl in eine Pfanne geben und bei schwacher Hitze zu einer Mehlschwitze verrühren. Milch langsam dazugeben, dabei ständig rühren, damit sich keine Klumpen bilden.
Von der Herdplatte nehmen und Eigelb, Käse und Spinat unterrühren. (Wenn Sie frischen Spinat verwenden, diesen gut waschen und in einem großen Topf mit Deckel einige Minuten dünsten, abtropfen lassen und kleinschneiden.)
Eiweiß steifschlagen und unter die Spinatmischung heben. In die vorbereitete Form füllen und

Spinatroulade

20–25 Minuten backen, bis an einer Backnadel nichts mehr hängenbleibt.
Aus dem Ofen nehmen und auf einen sauberen Bogen Pergamentpapier stürzen. Für eine Minute mit einem kalten, nassen Abtrockentuch zudecken (damit das Papier besser abzulösen ist).
Das Papier abnehmen und Garnelen darüberstreuen. Ränder sauber abschneiden und die Teigplatte aufrollen. Mit dem sauberen Papier die Roulade zusammenhalten. Mit Zitronenstückchen servieren.

Spinat-Joghurt-Suppe

6 Personen 3 g Ballaststoffe
80 Kalorien pro Portion

1 große, gehackte Zwiebel
1 gepreßte Knoblauchzehe
1 EL Distelöl
500 g frischer
oder 300 g tiefgefrorener Spinat
900 ml Gemüsebrühe
50 g Instant Vollkornflocken oder frisches Hafermehl
etwas entrahmte Milch
abgeriebene Muskatnuß
frisch gemahlener schwarzer Pfeffer
Meersalz
1 Eigelb
150 ml Naturjoghurt

Zwiebel und Knoblauch in etwas Öl braten, bis sie weich, aber nicht braun sind.
Den gewaschenen Spinat und die Brühe zugeben und zugedeckt 10 Minuten kochen.
Suppe im Mixer pürieren und wieder in den Topf geben. Das Mehl mit der Milch verrühren und mit der Muskatnuß und Gewürzen in die Suppe gießen. Unter Rühren eindicken lassen, zum Kochen bringen und 5 Minuten ziehen lassen.
Von der Herdplatte nehmen und das mit dem Joghurt verquirlte Eigelb zugeben.
Suppe mit einem Löffel Joghurt oder mit gerösteten Croûtons servieren.

Lauchsuppe

Lauchsuppe

4 Personen 1,4 g Ballaststoffe
258 Kalorien pro Portion

3 mittelgroße Stangen Lauch
8–9 EL Kölln Instant Flocken
1 EL Butter
1 l Gemüsebrühe
⅛ l Sahne, Paprika, Salz

Der Lauch wird nach gründlichem Waschen in feine Streifen geschnitten und mit Kölln Instant Flocken in der Butter angebraten. Mit der in einem Liter Wasser aufgelösten Instantbrühe ablöschen und noch 10 Minuten kochen lassen. Dann mit Sahne, Paprika und Salz abschmecken.

Die Lauchsuppe ist nicht nur als Vorsuppe geeignet (z. B. zu Fischgerichten), sie reicht auch als Abendmahlzeit, wenn Sie dazu z. B. Stangenweißbrot und Butter reichen und in der heißen Suppe eventuell noch ein bis zwei Ecken Schmelzkäse (Sahnezubereitung) auflösen und außerdem noch etwas gewürfelten, gekochten Schinken hinzufügen.

Walnuß–Moussaka

6 Personen 5 g Ballaststoffe
170 Kalorien pro Portion

Fett für die Form
2 gehackte Zwiebeln
100 g geputzte, kleingeschnittene Champignons
50 g Haferflocken
100 g Walnüsse
50 g Vollkornbrotkrumen
frisch gemahlener schwarzer Pfeffer
Meersalz
400 g Tomaten aus der Dose
2 mittelgroße Auberginen
Fett für die Form

Für den Belag:
1 Ei
1 EL frisches Hafermehl
150 ml Naturjoghurt
50 g geriebener Käse
Meersalz, frisch gemahlener schwarzer Pfeffer

Eine rechteckige feuerfeste Form leicht einfetten und den Ofen auf 190 °C (Gas Stufe 5) vorheizen.

Moussaka einmal anders: mit Walnüssen

Zwiebeln in etwas Öl anbraten, bis sie weich, aber nicht braun sind. Pilze zufügen und 1 Minute braten. Haferflocken, Walnüsse und Brotkrumen untermischen und mit reichlich schwarzem Pfeffer und etwas Meersalz würzen.
Auberginen in Scheiben schneiden und mit Salz bestreuen, damit die Bitterstoffe austreten. 30 Minuten stehenlassen, dann gut abspülen.
Ein Drittel der Auberginen auf dem Boden der Form verteilen. Die Hälfte der Walnußmischung daraufgeben und die Tomaten zufügen. Das andere Drittel Auberginen darauflegen, darüber die übrige Walnußmischung und die restlichen Auberginen.
Die Zutaten für den Belag mischen und darüber verteilen. 30 Minuten backen.

Haferpfannkuchen

Ergibt 10 Stück 1 g Ballaststoffe
50 Kalorien pro Pfannkuchen

50 g Vollkornweizenmehl
50 g Instant Vollkornflocken oder frisches Hafermehl
1 Ei
300 ml entrahmte Milch
Fett zum Backen

Das Mehl in eine Schüssel geben. In der Mitte eine Vertiefung machen und das Ei hineingeben. Langsam die Milch dazugießen und mit einer Gabel verrühren, dabei den Teig einarbeiten, bis er geschmeidig ist.
Für die Pfannkuchen eine leicht geölte, 18 cm große, schwere Pfanne stark erhitzen.
Mit einem kleinen Schöpflöffel etwas Teig in die Pfanne geben, so daß der Boden gerade bedeckt ist. Dabei die Pfanne schwenken.
Eine Minute backen, dann umdrehen und die andere Seite des Pfannkuchens backen.

Pfannkuchen-Füllung

4 Personen 3 g Ballaststoffe
180 Kalorien pro Pfannkuchen

1 große Zucchini
200 g Brokkoli
1 kleine Aubergine
1 Stange Lauch
4 Blätter Chinakohl
100 g Cashewnüsse
etwas Sesamöl
Ingwerwurzel (nach Belieben)

Gemüse putzen, gut waschen und in Stifte oder Scheiben schneiden.
Etwas Öl in einer großen Bratpfanne stark erhitzen. Zuerst die harten, dann nach und nach die weicheren Gemüse hineingeben und unter ständigem Rühren braten.
Kurz vor dem Servieren die Cashewnüsse und etwas frisch geriebene Ingwerwurzel hineinrühren.
Pfannkuchen mit der Gemüsemi-

schung füllen und die süßsaure Sauce darübergießen oder separat dazu reichen.

Süß-Saure-Sauce

4 Personen keine Ballaststoffe
20 Kalorien pro Portion

1 EL Tomatenpüree, 2 EL Sojasauce
2 EL Wein-, Obst- oder Sherryessig
2 EL Wasser, etwas Honig

Alle Zutaten in einem kleinen Topf bei schwacher Hitze auflösen. Gegebenenfalls mit Kartoffelmehl oder in Wasser gelöster Pfeilwurz eindicken.

Haferteig

13 g Ballaststoffe
885 Kalorien

Setzen Sie dem Mehl kernige Haferflocken zu, dann bekommt der Teig eine gute Konsistenz.

100 g Vollkornweizenmehl
50 g kernige Haferflocken
75 g weiche Pflanzenmargarine oder Butter
etwas kaltes Wasser

Mehl in eine Schüssel sieben, die ausgesiebte Kleie und die kernigen Haferflocken zufügen. Das Fett zugeben und die Masse zu einem krümeligen Teig verarbeiten. Etwas kaltes Wasser zugeben und einen weichen, aber nicht klebrigen Teig kneten, der für Pasteten, Kuchen und Torten geeignet ist.

Tortenboden

Für einen Tortenboden den Haferteig auf einer bemehlten Arbeitsfläche ausrollen und mit einer leicht geölten Tortenbodenform einen 22 cm großen Kreis ausstechen. Zum »Blindbacken« (dabei wird der Tortenboden etwas vorgebakken, damit er abgedichtet ist, bevor er eine Füllung enthält) Pergamentpapier auf den Teig legen und mit Bohnen beschweren. (Diese werden »Backbohnen« genannt und sie können, wenn sie abgekühlt sind, aufbewahrt werden.) Der Tortenboden wird dann im auf 200 °C (Gas Stufe 6) vorgeheizten Ofen 10 Minuten gebacken. Aus dem Ofen nehmen, Papier und Bohnen entfernen. Nun kann man ihn füllen. Man kann ihn natürlich auch fertig backen – das dauert 25 Minuten, die letzten 5 Minuten ohne Papier und Bohnen –, wenn man eine rohe Füllung daraufgeben möchte.

Kartoffelpuffer

4 Personen 2,9 g Ballaststoffe
409 Kalorien pro Portion

1 kg Kartoffeln
1 Zwiebel
1 gestrichenen Teelöffel Salz

Kartoffelpuffer

6 EL blütenzarte Köllnflocken
2 Eier
Öl zum Ausbacken

Die rohen, geschälten Kartoffeln reiben, ebenso die Zwiebel, und beides vermischen. Salz, Blütenzarte Köllnflocken und Eigelb unterrühren, das Eiweiß als Schnee unterziehen. In der Pfanne werden am besten jeweils 3 Kartoffelpuffer im heißen Fett gebacken.
Die geriebenen Kartoffeln sollten nicht zu lange stehen, da sie schnell braun werden.
Die beliebteste Beigabe zu Kartoffelpuffern ist Apfelmus. Preißelbeer- oder Heidelbeerkompott schmekken ebenfalls ausgezeichnet.

Lauchpastete

4 Personen 5,5 g Ballaststoffe
280 Kalorien pro Portion

Für die Füllung:
500 g Lauch, 2 Eier
50 g reifer, geriebener Cheddar
150 ml Naturjoghurt
frisch gemahlener schwarzer Pfeffer

Meersalz
Für den Teig:
Fett für die Form
75 g Vollkornweizenmehl
25 g Schmelzflocken
50 g weiche Pflanzenmargarine
Meersalz
etwas kaltes Wasser
Milch oder Eigelb zum Bestreichen

Eine Pastetenform leicht einfetten und den Ofen auf 200°C (Gas Stufe 6) vorheizen.
Wurzelenden der Lauchstangen abschneiden, grüne Blätter bis auf 2 cm entfernen. In 2 cm dicke Scheiben schneiden und gut waschen. In kochendem Wasser blanchieren oder 5 Minuten leicht dünsten. Abtropfen lassen und auf den Boden der Pastetenform legen.
Eier mit Käse und Joghurt verquirlen und würzen, dann über den Lauch gießen.
Für den Teig das Mehl in eine Rührschüssel sieben, Haferflocken einrühren und das Fett einarbeiten, bis die Mischung eine krümelige Konsistenz hat. Eine Prise Meersalz dazugeben und mit etwas kaltem Wasser zu einem weichen Teig verkneten. Auf einer bemehlten Arbeitsfläche ausrollen, bis der Teig rundum 2 cm größer als die Pastetenform ist.
Schmale Streifen vom Teig abschneiden und an den Rand der Pastetenform drücken. Mit Wasser bestreichen, dann den Teig vorsichtig auf die Füllung legen. Die überstehenden Ränder mit einem Messer abschneiden. Teigränder mit dem Messerrücken zusammenschlagen und einkerben. Die abgeschnittenen Teigreste noch einmal ausrollen, um einige dekorative Blättchen zu formen, die in die Mitte des Pastetendeckels kommen.
Mit etwas Milch oder etwas verquirltem Ei bestreichen und 30 Minuten backen, bis sie goldbraun ist.

Überbackener Fenchel

4 Personen 2,2 g Ballaststoffe
469 Kalorien pro Portion

4 kleine Fenchelknollen
60 g Butter
2–3 EL Wasser, 1 Prise Salz
4 Scheiben gekochter Schinken
⅛ l Milch, 2 Eier
4 EL Kölln Instant Flocken
100 g geriebener Butterkäse
1 Bund Petersilie

Fenchelknollen waschen, halbieren, dann in der Butter langsam andünsten. Das Wasser auffüllen, alles ca. 10 Minuten weiterdünsten und leicht salzen. Den Schinken in 6 cm lange Streifen schneiden. Eine feuerfeste Form leicht einfetten und die Fenchelknollen hineinlegen. Aus Milch, Eiern und Kölln Instant Flocken eine Eiermilch herstellen und diese über die Fenchelknollen gießen. Mit den Schinken-

Überbackener Fenchel

streifen und dem Käse bestreuen. Im Ofen bei 200 °C (Gas Stufe 6) ca. 30 Minuten backen. Vor dem Servieren mit Petersilie bestreuen.
Statt Fenchelknollen kann man Staudensellerie, Porreestangen oder Chicorée verwenden.

Pilz-Fisch-Pastete

4 Personen 1,5 g Ballaststoffe
370 Kalorien pro Portion

Hafergrundteig, Seite 48
Eier oder Eigelb zum Bestreichen
Für die Füllung:
1 große geschälte und gewürfelte Zwiebel
1 EL Öl
175 g geputzte, kleingeschnittene Pilze
1 EL frisches Hafermehl
150 ml entrahmte Milch
500 g Kabeljau
frisch gemahlener schwarzer Pfeffer

Teig zubereiten und den Ofen auf 200 °C (Gas Stufe 6) vorheizen.
Zwiebeln in Öl braten, bis sie glasig sind, und die Pilze unterrühren. Zugedeckt 5 Minuten mitbraten. Das Mehl einrühren und langsam die Milch dazugießen, damit die Sauce dick wird.
Fisch enthäuten, Gräten entfernen, Fisch in Streifen oder Stücke schneiden und zu den Pilzen geben.

Pilz-Fisch-Pastete

Mit Pfeffer würzen und 2 Minuten in der Sauce ziehen lassen. Dann in eine feuerfeste Form füllen.
Den Teig so groß wie die Form ausrollen und von den Resten Streifen für den Rand abschneiden. Diese mit Wasser bestreichen. Den Teigdeckel auf die Füllung legen. Die Ränder des Teigs einschlagen und mit den Streifen verschließen. Aus dem übrigen Teig Formen ausstechen und die Pastete damit verzieren. Mit Milch oder verquirltem Ei bestreichen und 30 Minuten backen. Sehr dekorativ sieht es aus, wenn man den Teig in Fischform ausschneidet (siehe Foto).

Pastinaken-Kroketten

Ergibt 8 Stück 3,5 g Ballaststoffe
120 Kalorien pro Krokette

Fett für das Backblech
1 kg Pastinaken
50 g Butter oder weiche Pflanzenmargarine
100 g Vollkornbrotkrumen
100 g geriebener reifer Käse
50 g kernige Haferflocken
1 TL Senfpulver

Backblech leicht einfetten und den Ofen auf 190 °C (Gas Stufe 5) vorheizen.
Pastinaken abschrubben oder schälen und grob hacken, alle holzigen Teile entfernen. In wenig Wasser kochen, bis sie weich sind, Wasser abgießen und die Pastinaken zusammen mit der Butter und einem großen Teil des Käses zerstampfen, dann die Brotkrumen einrühren. Nach dem Abkühlen Kroketten daraus formen.
Haferflocken, den restlichen Käse und den Senf mischen und die Kroketten darin wälzen.
Auf ein Backblech legen und 20 Minuten backen, dabei einmal umdrehen.

Geschmorte Fleischbällchen mit Gemüse

6 Personen 1,5 g Ballaststoffe
95 Kalorien pro Portion

Für die Fleischbällchen:
500 g Hackfleisch vom Rind
25 g Vollkornbrotkrumen
25 g frisches Hafermehl
1 kleingehackte oder geriebene Zwiebel
1 Ei
1 TL provençalische Kräuter
frisch gemahlener schwarzer Pfeffer
Für das Gemüse:
6 Stiele Bleichsellerie
2 Karotten
1 große Zwiebel
2 TL Pflanzenöl
500 ml Gemüsebrühe
1 TL Zitronensaft
frisch gemahlener schwarzer Pfeffer

Ofen auf 200 °C (Gas Stufe 6) vorheizen.
Die Zutaten für die Fleischbällchen vermengen und Bällchen formen. In etwas Öl leicht sautieren.
Sellerie waschen und in 2 cm dicke Stücke schneiden. Karotten schälen und in dünne Scheiben schneiden, die Zwiebel schälen und fein würfeln.
Das Gemüse in Öl 3 Minuten leicht anbraten. Dann in eine feuerfeste Form geben, die Brühe und den Zitronensaft darübergießen und würzen. Die Fleischbällchen auf das Gemüse legen und 40 Minuten im Ofen backen.

Pilz-Cashew-Lasagne

4 Personen 5 g Ballaststoffe
375 Kalorien pro Portion

Fett für die Form
1 mittelgroße gehackte Zwiebel
250 g dünngeschnittenen Lauch
1 EL Distelöl
250 g geputzte, in dünne Scheiben geschnittene Pilze
100 g gehackte Cashewnüsse
50 g Haferflocken
2 TL Sojasauce
250 g frische Nudeln, Seite 55
400 g gehackte Tomaten aus der Dose
300 ml weiße Mehlschwitze aus Butter, Hafermehl und Milch
100 g fettarmer geriebener Käse
1 EL gehackte Petersilie

Pilz-Cashew-Lasagne

Eine flache, feuerfeste Form leicht einfetten und den Ofen auf 190 °C (Gas Stufe 5) vorheizen.
Zwiebeln und Lauch in etwas Öl braten, bis sie weich sind, aber nicht bräunen. Pilze, Nüsse, Haferflocken und Sojasauce dazugeben. Gut durchmischen und vom Herd nehmen.
1,5 l Wasser in einem großen Topf zum Kochen bringen, 1 EL Öl hineingeben, damit die Nudeln nicht zusammenkleben, dann die selbstgemachten viereckigen Nudeln hineingeben und ungefähr 6 Minuten kochen. (Wenn Sie gekaufte, trokkene Nudeln verwenden, 10–12 Minuten kochen). Abgießen.

Tomaten mit der weißen Sauce und dem Käse mischen.
Die Hälfte der Cashew-Sauce in die Form, darauf eine Lage Nudeln und darüber eine Lage Tomaten und Käsesauce geben. Wiederholen, zuletzt eine Lage Sauce hineingeben.
30 Minuten backen und mit gehackter Petersilie bestreut servieren.

Steckrüben-Karotten-Gratin

6 Personen 4,5 g Ballaststoffe
165 Kalorien pro Portion

Fett für die Form
500 g Karotten, 500 g Steckrüben
25 g Pflanzenmargarine
60 ml entrahmte Milch
1 Prise Meersalz, frisch gemahlener schwarzer Pfeffer
2 Eier, 75 g Haferflocken
50 g reifer, geriebener Cheddar-Käse

Eine feuerfeste Form leicht einfetten und den Ofen auf 190°C (Gas Stufe 5) vorheizen.
Karotten und Steckrüben schälen, grob raspeln und so lange in erhitztem Fett braten, bis sie gar sind. Mit Milch, Gewürzen und Eiern verrühren, im Mixer pürieren und in die Form füllen. Haferflocken und Käse vermischen und darüberstreuen. 25 Minuten backen und sofort servieren.

Selbstgemachte Nudeln

4 Personen 6,5 g Ballaststoffe
290 Kalorien pro Portion

220 g Vollkornweizenmehl
100 g frisches Hafermehl
3 Eier
1 EL Öl, 2 EL Wasser
1 TL feines Meersalz

Mehl auf die Arbeitsplatte geben. In die Mitte eine Vertiefung machen, die anderen Zutaten hineinrühren und alles zu einem Teig verkneten. Sehr gut kneten, wenn nötig noch etwas Mehl zufügen.
Zugedeckt 1 Stunde stehenlassen.
Den Teig in 4 Teile teilen. Mindestens 2mal durch eine Nudelmaschine drehen oder von Hand dünn ausrollen und in die gewünschten Formen schneiden.

Petersilien-küchlein

Ergibt 4 Stück 2 g Ballaststoffe
155 Kalorien pro Küchlein

50 g Vollkornweizenmehl
50 g frisches Hafermehl
1½ TL Backpulver
40 g weiche Pflanzenmargarine
1 EL frisch gehackte Petersilie
frisch gemahlener schwarzer Pfeffer
etwas Wasser zum Verrühren

Mehl mit dem Backpulver in eine Rührschüssel sieben. Das Fett in Stückchen zugeben, einarbeiten, bis die Mischung eine krümelige Konsistenz hat. Petersilie und Pfeffer zugeben und alles mit kaltem Wasser zu einem weichen Teig verrühren.
4 Bällchen oder 4 dicke Küchlein formen. Sie werden in Suppen oder Eintöpfen als Einlage gegart.

Hafer-Gemüse-Pastete

4 Personen 9 g Ballaststoffe
280 Kalorien pro Portion

Fett für die Form
250 g Steckrüben
250 g Karotten in Scheiben
250 g frische oder tiefgefrorene Erbsen, 2 EL gehackte Petersilie
300 ml Gemüsebrühe
Für den Belag:
25 g Butter oder weiche Pflanzenmargarine
1 große, gekochte Kartoffel
50 g geriebener Emmentaler
50 g Haferflocken
100 g Vollkornweizenmehl
Meersalz, frisch gemahlener schwarzer Pfeffer
1 TL entrahmte Milch

Eine feuerfeste Form leicht einfetten und den Ofen auf 200 °C (Gas Stufe 6) vorheizen.
Steckrüben und Karotten 5 Minuten kochen oder dünsten. Die frischen oder tiefgekühlten Erbsen 1 Minute blanchieren.
Gemüse mit der Petersilie und der Gemüsebrühe vermischen und in die feuerfeste Form füllen. Für den Belag die Margarine und die Kartoffel zusammen zerstampfen. Käse, Haferflocken, Mehl und Gewürze vermengen und zu der Kartoffel geben. Mit etwas Wasser einen weichen Teig kneten und ausrollen. Als Teigdecke vorsichtig auf das Gemüse legen. Mit Milch bestreichen und 30 Minuten backen.

Fleischlose Frikadellen

Ergibt 6 Stück 5 g Ballaststoffe
330 Kalorien pro Frikadelle

100 g gemahlene Walnüsse
100 g gemahlene Haselnüsse
100 g Vollkornbrotkrumen
50 g frisches Hafermehl
1 TL Basilikum
1 große gewürfelte Zwiebel
1 Ei
2 EL Mais-, Soja- oder Sesamöl
2 EL Haferflocken
2 EL Sesamsamen

Alle Zutaten mit Ausnahme der Haferflocken und der Sesamsamen vermischen. 4 Frikadellen formen.
Haferflocken und Sesamsamen mischen, die Frikadellen darin wälzen.
Unter dem Grill bei mäßiger Hitze 12 Minuten von jeder Seite grillen.

Desserts

Tarte au Citron

6 Personen 3 g Ballaststoffe
440 Kalorien pro Portion

Fett für die Form
Für den Teig:
100 g Vollkornweizenmehl
50 g frisches Hafermehl
50 g gemahlene Mandeln
75 g weiche Pflanzenmargarine
Zitronenschale (unbehandelt)

Eine 22 cm große Tortenbackform leicht einfetten und den Ofen auf 200 °C (Gas Stufe 6) vorheizen.
Mehl in eine Rührschüssel geben, die Mandeln untermischen. Fett hineinarbeiten, bis die Mischung eine krümelige Konsistenz erhält.
Geriebene Zitronenschale und etwas Wasser dazugeben und alles zu einem weichen Teig verarbeiten. Auf einer bemehlten Arbeitsfläche ausrollen und die Tortenform damit auslegen. Die Tortenbackform mit Pergamentpapier auslegen, mit Backbohnen füllen und 25 Minuten blindbacken. Nach dem Abkühlen mit Zitronencreme füllen.

Für die Zitronencreme:
100 g brauner Zucker
75 g Butter
2 große Zitronen (unbehandelt)
2 leicht verquirlte Eier
Zitrone zum Garnieren

Zucker, Butter, abgeriebene Schale und Saft der Zitronen und die Eier in eine Schüssel geben. Im Wasserbad bei mittlerer Hitze so lange rühren, bis die Butter schmilzt und die Masse eindickt (ungefähr 10–15 Minuten). Nicht kochen lassen, sonst gerinnt die Creme.

Gefüllte Birnen

4 Portionen 1,6 g Ballaststoffe
234,5 Kalorien pro Portion

500 g Birnen
Zitronensaft
175 g Joghurt oder Quark

1 EL Honig
1 Päckchen Vanillezucker
1 Prise Zimt
20 g gehackte Nüsse
6 EL Blütenzarte Köllnflocken

Die Birnen werden halbiert, vom Kerngehäuse befreit und mit einem Teelöffel leicht ausgehöhlt. Die Birnenhälften und das ausgehöhlte, möglichst klein geschnittene Fruchtfleisch mit Zitrone beträufeln, damit eine Bräunung vermieden wird.
Joghurt bzw. Quark, Honig, Vanillezucker und Zimt werden verrührt. Wenn Sie Quark verwenden, fügen Sie noch etwas Milch hinzu, damit die Masse cremig wird.
Nüsse, Blütenzarte Köllnflocken und das zerkleinerte Birnenfleisch werden unter die Creme gehoben. Diese geben Sie in die ausgehöhlten Birnenhälften und verzieren sie mit Röstflocken (siehe diese) oder gehackten Nüssen.

Rhabarberauflauf

6 Personen 5,5 g Ballaststoffe
200 Kalorien pro Portion

Fett für die Form
750 g kleingeschnittener Rhabarber
30 g Honig
Für den Belag:
75 g Vollkornweizenmehl
75 g kernige Haferflocken
1 TL gemahlener Zimt
75 g Pflanzenmargarine
50 g gehackte Datteln

Eine feuerfeste Form leicht einfetten und den Ofen auf 200 °C (Gas Stufe 6) vorheizen.
Rhabarber abziehen, waschen und in 2 cm dicke Scheiben schneiden. Mit 2 EL Wasser und Honig in einen Topf geben und zugedeckt bei schwacher Hitze 5 Minuten kochen. Dann in die feuerfeste Form geben. Mehl, Haferflocken und Zimt vermischen. Margarine einarbeiten und die Datteln dazugeben. Den Teig dünnkneten, auf der bemehlten Arbeitsplatte ausrollen und auf den Rhabarber geben.
25 Minuten backen.

Obsttorte

4 Personen 4 g Ballaststoffe
255 Kalorien pro Portion

Fett für die Form
100 g Vollkornweizenmehl
50 g frisches Hafermehl
50 g weiche Pflanzenmargarine
4 kleine Cox-Orange-Äpfel oder
500 g andere Früchte,
z.B. Pflaumen
etwas Honig oder Süßstoff
2 EL Konfitüre
Für den Belag:
25 g Pflanzenmargarine
1 EL Honig, 50 g Haferflocken

Gefüllte Birnen

Eine 22 cm große Kuchenform leicht einfetten und den Ofen auf 190 °C (Gas Stufe 5) vorheizen.
Mehl in eine Rührschüssel sieben, die Margarine hineinarbeiten, bis die Mischung eine krümelige Konsistenz hat. Mit etwas kaltem Wasser zu einem weichen Teig binden.
Teig auf einer bemehlten Arbeitsfläche ausrollen und die Backform damit auslegen. Dann mit Pergamentpapier auslegen, mit Backbohnen füllen und 10 Minuten blindbacken. Aus dem Ofen nehmen, Papier und Bohnen entfernen.
Äpfel waschen und in Scheiben schneiden, 2 Minuten in kochendem Wasser blanchieren und abgießen.
Apfelscheiben auf dem vorgebackenen Tortenboden anordnen und mit Honig oder Konfitüre bestreichen.
Für den Belag Margarine und Honig in einer Pfanne schmelzen, von der Herdplatte nehmen und die Haferflocken einrühren. Über die Ränder der vorbereiteten Obsttorte verteilen und diese noch 20 Minuten backen.

Obsttorte

Orangen-Aprikosen-Käsekuchen

8 Personen 2 g Ballaststoffe
200 Kalorien pro Portion

Fett für die Form
Für den Teig:
100 g Vollkornweizenmehl
50 g frisches Hafermehl
75 g weiche Pflanzenmargarine
etwas Wasser

Eine 22 cm große Kuchenform leicht einfetten und den Ofen auf 200 °C (Gas Stufe 6) vorheizen.
Mehl in eine Schüssel sieben, das Fett in Stücken zugeben und einarbeiten, bis die Mischung eine krümelige Konsistenz hat.
Mit etwas kaltem Wasser zu einem weichen Teig vermengen und auf einem bemehlten Brett ausrollen. Die Kuchenform mit dem Teig auslegen, Pergamentpapier darauflegen und mit Backbohnen füllen. 10 Minuten blindbacken.
Ofentemperatur auf 190 °C (Gas Stufe 5) zurückschalten und die Füllung zubereiten.

Für die Füllung:
250 g fettarmer Quark, 75 ml Milch
2 Eier, getrennt, 2 EL Honig
3 Tropfen Orangenöl
abgeriebene Schale 1 Orange (unbehandelt)
25 g frisches Hafermehl, 2 Eiweiß
8 Aprikosenhälften

Den Quark in einer Rührschüssel mit der Milch zu einer geschmeidigen Paste verrühren.
Eigelb, Honig, Orangenöl, abgeriebene Orangenschale und Hafermehl dazugeben und alles gut verrühren. Eiweiß sehr steif schlagen und mit einem Schneebesen unter die Masse heben.
Auf den gebackenen Boden füllen. Aprikosenhälften auf der Mischung anordnen und 20 Minuten backen.

Limonen-Käsekuchen

10 Personen 1,5 g Ballaststoffe
270 Kalorien pro Portion

Der Haferflockenboden ist eine attraktive Alternative zu den üblichen Biskuitböden.

Für den Boden:
Fett für die Form
100 g weiche Pflanzenmargarine
50 g Honig
50 g brauner Zucker
250 g kernige Haferflocken

Eine 22 cm große Springform leicht einfetten und den Ofen auf 180 °C (Gas Stufe 4) vorheizen.
Margarine mit dem Honig und dem Zucker in einem kleinen Topf bei schwacher Hitze verrühren, bis sich alles aufgelöst hat. Vom Herd nehmen.
Haferflocken in die Mischung rühren, den Teig in die Springform ge-

ben, an den Seiten etwas hochdrükken und 25 Minuten backen. Aus dem Ofen nehmen und auf einem Kuchengitter abkühlen lassen.

Für die Füllung:
250 g Quark
250 g abgetropfter Griechischer Joghurt
2 Eier
50 g Fruchtzucker
abgeriebene Schale und Saft von 2 Limonen (unbehandelt)
10 g gemahlene Gelatine
2 EL kochendes Wasser

Quark und Joghurt in einer Rührschüssel zusammen mit den Eigelb und dem Zucker verrühren. Abgeriebene Limonenschale unterrühren.
Limonensaft mit kochendem Wasser vermischen und über die Gelatine träufeln, rühren, bis diese sich aufgelöst hat. Wenn sie abgekühlt ist und gerade fest zu werden beginnt, zu der Quarkmischung geben.
Eiweiß steifschlagen und, sobald die Quarkmischung anfängt fest zu werden, unterheben. Auf den vorbereiteten Boden füllen und im Kühlschrank fest werden lassen.
Anmerkung:
Nicht zu lange Zeit vor dem Servieren zubereiten, sonst wird der Boden weich.
Wenn Sie den Limonen-Käsekuchen mit Erdbeeren oder Limonenscheiben dekorieren, wird er zu einem dekorativen Nachtisch.

Korinthen-Käsekuchen

8 Personen 2 g Ballaststoffe
320 Kalorien pro Portion

Bereiten Sie einen Boden wie beim Limonen-Käsekuchen, Seite 61, zu.
Für die Füllung:
250 g Hüttenkäse
150 ml Joghurt oder Milch
150 ml saure Sahne
50 g Korinthen
10 g gemahlene Gelatine
2 EL kochendes Wasser

Hüttenkäse durch ein Sieb in eine Rührschüssel drücken und Joghurt oder Milch und die Sahne einrühren, bis die Masse geschmeidig ist. Gewaschene und abgetrocknete Korinthen untermischen.
Gelatine in Wasser verrühren und auflösen.
Wenn sie fest zu werden beginnt, in die Käsekuchenmischung einrühren und auf dem vorbereiteten Boden verteilen. Im Kühlschrank fest werden lassen. Auf den abgekühlten Boden geben.

Holländischer Apfelkuchen

6 Personen 10 g Ballaststoffe
450 Kalorien pro Portion

175 g Vollkornweizenmehl
50 g frisches Hafermehl
1 TL Backpulver

Limonen-Käsekuchen

150 g Butter oder weiche Pflanzenmargarine
2 Eier, getrennt
1 Zitrone
1 kg Äpfel zum Kochen
18 getrocknete, über Nacht eingeweichte Aprikosen
100 g Rosinen
1 TL Zimt
50 g gemahlene Mandeln
Milch zum Bestreichen

Eine 23 cm große Springform leicht einfetten und den Ofen auf 180°C (Gas Stufe 4) vorheizen.

Für den Teig das Mehl mit dem Backpulver in eine Rührschüssel sieben, das Fett hineinarbeiten, bis die Mischung eine krümelige Konsistenz hat.

Eigelb leicht verquirlen und mit einem Eßlöffel Zitronensaft in die Mischung geben; alle Zutaten zu einem weichen Teig verrühren. Auf einer leicht bemehlten Arbeitsfläche zwei Drittel des Teigs ausrollen und die Form damit auslegen. Übrigen Teig für einen Deckel ausrollen.

Äpfel waschen und Gehäuse entfer-

Heidelbeerkuchen

nen, aber nicht schälen. In einen Topf schneiden und mit einigen Eßlöffeln Wasser bei schwacher Hitze 5 Minuten kochen, dabei rühren, damit sie gleichmäßig gar werden. Abgießen. Während die Äpfel kochen, die Aprikosen in einem anderen Topf ebenfalls 5 Minuten kochen. Abgießen.

Den vorbereiteten Tortenboden mit je einer Lage Äpfel, Aprikosen und gewaschenen, abgetropften Rosinen füllen. Gewürze und gemahlene Mandeln vermischen und darüberstreuen.

Die Ränder des Kuchens mit Eiweiß bestreichen und den Deckel darauflegen. Mit etwas Milch bestreichen und 45–50 Minuten backen.

Heidelbeerkuchen

12 Stück 0,5 g Ballaststoffe
267 Kalorien pro Stück

Für den Teig:
1 kg frische Heidelbeeren
100 g Magerquark
1 EL Milch
1 Ei
4 EL Speiseöl
50 g brauner Zucker
1 Päckchen Vanillezucker
1 Prise Salz
150 g Weizenvollkornmehl
100 g Blütenzarte Köllnflocken
1 Päckchen Weinstein-Backpulver
Für den Guß:
50 g Butter, 80 g Honig

250 g Magerquark, 1 Ei
1 Päckchen Vanillepuddingpulver
5 EL kalte Milch

Die Heidelbeeren verlesen, waschen und gut abtropfen lassen.
Magerquark, Milch, Ei, Öl, Zucker, Vanillezucker und Salz verrühren.
Mehl, Blütenzarte Köllnflocken, Backpulver mischen und nach und nach unter die Quarkmasse rühren, dann kneten (sollte der Teig zu klebrig sein, geben Sie noch etwas Mehl dazu).
Eine Springform (Durchmesser 24 cm) fetten und mit dem Teig auslegen. Einen Rand von 3–4 cm hochdrücken und die Heidelbeeren auf dem Teig verteilen.
Für den Guß die Butter und den Honig schaumig rühren, dann den Quark und das Ei sowie das in kalter Milch angerührte Puddingpulver dazugeben. Die Creme über die Heidelbeeren füllen und den Kuchen bei 190 °C (Gas Stufe 5), untere Einschubleiste, 60–70 Minuten backen. In der Form auskühlen lassen.

Brombeer-Apfel-Auflauf

4 Personen 8,5 g Ballaststoffe
340 Kalorien pro Portion

Fett für die Form
500 g Äpfel zum Kochen
1 Zitrone
250 g Brombeeren
50 g Vollkornweizenmehl
50 g kernige Haferflocken
75 g Butter oder weiche Pflanzenmargarine
50 g feingehackte Datteln
25 g Sonnenblumenkerne

Eine feuerfeste Form leicht einfetten und den Ofen auf 200 °C (Gas Stufe 6) vorheizen.
Die ungeschälten Äpfel in Scheiben schneiden und das Gehäuse entfernen, mit Zitronensaft beträufeln, damit sie nicht braun werden.
Die Äpfel zusammen mit den gewaschenen Brombeeren in einem Topf bei schwacher Hitze zugedeckt 5 Minuten kochen. Die Früchte in die eingefettete Form füllen.
Mehl und Haferflocken mischen, die Margarine zugeben und Streusel machen.
Datteln und Sonnenblumenkerne unterrühren und die Streusel auf den Früchten verteilen.
25 Minuten backen.

Erdbeerküchlein

Ergibt 5 Stück 3 g Ballaststoffe
350 Kalorien pro Küchlein

Dies ist ein delikates »Erdbeertörtchen« mit Sahne zwischen zwei kleinen, knusprigen Keksen. Kalorienreiche Sahne wird hier durch eine leichte, kalorienarme Sauce aus Naturjoghurt ersetzt.

Erdbeerküchlein

1 Portion Mürbteig
(s. nächstes Rezept)
1 kleine Schale geputzte, gewaschene Erdbeeren
1 Portion Super-Chantilly-Creme, Seite 70

Die Hälfte der Mürbteigkekse auf eine Platte legen und die Erdbeeren mit der Blütenansatzseite nach unten auf die Kekse legen.
Erdbeeren gerade schneiden und den zweiten Keks darauflegen, um zu sehen, ob die Höhe stimmt.
Den Keks wieder abnehmen und kurz vor dem Servieren um die Erdbeeren Creme spritzen.
Den zweiten Keks wieder darauflegen.
Servieren und die restliche Creme in einer Extraschüssel dazureichen.

Mürbteigkekse

Ergibt 10 Kekse   1 g Ballaststoffe
140 Kalorien pro Keks

Fett für das Backblech
150 g Vollkornweizenmehl
25 g frisches Hafermehl
40 g Fruchtzucker oder brauner Zucker
100 g Butter

Backblech einfetten und den Ofen auf 150°C (Gas Stufe 3) vorheizen.
Mehl in eine Rührschüssel geben.
Zucker einrühren.
Butter in die Mischung einarbeiten, bis die Mischung eine krümelige Konsistenz hat. Anschließend zu einem weichen Teig verarbeiten. Vorsichtig ausrollen.

Mit runden Ausstechern 10 dicke Mürbteigkekse ausstechen und mit einem Palettenmesser auf das vorbereitete Backblech legen. 40 bis 45 Minuten backen. Vom Blech nehmen und auf einem Kuchengitter abkühlen lassen. In einer verschlossenen Dose aufbewahren.
Man kann den Teig auch in eine gefettete Kuchenform geben, im Ganzen backen und dann in kleine Plätzchen teilen.

Marzipan Franzipan

8 Personen 3 g Ballaststoffe
200 Kalorien pro Portion

Fett für die Form
Für den Teig:
50 g Vollkornweizenmehl
50 g frisches Hafermehl
50 g Pflanzenmargarine
Wasser zum Verrühren.
Für die Füllung:
3 kleine Birnen
50 g Marzipanrohmasse
50 g weiche Pflanzenmargarine
50 g Vollkornweizenmehl
1 TL Backpulver
1 Ei

Ofen auf 200 °C (Gas Stufe 6) vorheizen und eine 22 cm große Tortenform leicht einfetten.
Für den Teig das Mehl sieben und die Margarine hineinarbeiten, bis die Mischung eine krümelige Konsistenz hat. Mit wenig Wasser zu einem weichen Teig verkneten und auf einer bemehlten Arbeitsfläche ausrollen.
Die Tortenform mit Teig auslegen, mit Pergamentpapier bedecken, mit Backbohnen füllen und 7 Minuten blindbacken. Papier und Bohnen entfernen und für weitere 3 Minuten in den Ofen stellen.
Ofentemperatur auf 190 °C (Gas Stufe 5) reduzieren.
Für die Füllung Birnen schälen, halbieren, Gehäuse entfernen, die Hälften mit der flachen Seite nach unten auf den Tortenboden legen.
Die Marzipanmasse mit der Margarine cremig rühren, bis die Mischung weich und leicht ist. Mehl und Backpulver sieben. Das Ei leicht verquirlen und in die Marzipanmischung einrühren.
Das Mehl unterheben, den Teig über die Birnen verteilen und wieder in den Ofen stellen. 30 Minuten backen.

Kirschcreme

6 Personen 2 g Ballaststoffe
155 Kalorien pro Portion

350 g dunkle, entsteinte Kirschen
350 g abgetropfter Griechischer Joghurt
10 g gemahlene Gelatine
4 EL kaltes Wasser
6 EL Granola, Seite 37

Kirschen und Joghurt im Mixer pürieren.

Kirschcreme

Gelatine ins kalte Wasser zerkrümeln und in einem Topf schwach erhitzen, zum Kochen bringen, dabei ständig rühren, bis sich die Gelatine aufgelöst hat, die Flüssigkeit also durchsichtig wird. Vom Herd nehmen und in eine kleine Schale füllen.
Abkühlen lassen und wenn es gerade fest zu werden beginnt, unter das Püree heben. In einen Behälter füllen und im Kühlschrank fest werden lassen.
Zum Servieren abwechselnd eine Schicht Fruchtcreme und Granola, darüber wieder eine Schicht Fruchtcreme in Dessertgläser füllen. Auf die oberste Schicht am Rand des Glases entlang Granola streuen. Leicht gekühlt servieren.

Bananencrêpes

Ergibt 8 Stück 2 g Ballaststoffe
80 Kalorien pro Pfannkuchen

abgeriebene Schale 1 Zitrone (unbehandelt)
Pfannkuchenhaferteig, Seite 47
1 Prise Zimt
2 in dünne Scheiben geschnittene Bananen
Margarine zum Braten

Abgeriebene Zitronenschale und 1 Prise Zimt in den Hafergrundteig rühren.
Etwas Margarine in einer Pfanne erhitzen. Jeweils ein Achtel des Teigs gleichmäßig in der Pfanne verteilen und die dünnen Bananenscheibchen darauflegen.
1–1½ Minuten auf einer Seite backen, dann mit einem Pfannenheber wenden und kurz auf der mit Bananen belegten Seite backen.

Apfelstrudeleis

8 Kugeln 1,5 g Ballaststoffe
85 Kalorien pro Kugel

50 g Haferflocken
50 g gehackte Walnüsse
350 g geschälte, in Scheiben ge-

Apfelstrudeleis

schnittene Äpfel zum Kochen
Saft ½ Zitrone
2 EL Apfelsaftkonzentrat
150 ml Naturjoghurt
1 TL gemahlener Zimt
2 Eiweiß

Haferflocken in einer Getreidemühle zu Mehl mahlen.
Walnüsse und Äpfel mit dem Zitronensaft und dem Apfelsaftkonzentrat zugedeckt in einem Topf bei schwacher Hitze zu einem Püree einkochen.
Vom Herd nehmen und das Hafermehl und den Zimt unterrühren.
Nach dem Abkühlen Joghurt unterheben.
Eiweiß steifschlagen und unter die Mischung heben.
In einen flachen Behälter füllen und tiefgefrieren. Wenn die Mischung fast gefroren ist, mit einer Gabel aufbrechen und umrühren. In einem Behälter, der tief genug ist, daß man Eiskugeln aus der Masse herausstechen kann, wieder in den Gefrierschrank stellen. Man kann natürlich auch eine Eismaschine verwenden.
20–30 Minuten vor dem Servieren sollte man das Eis aus dem Gefrier-

schrank nehmen, damit es weich genug ist, um Eiskugeln herauszuheben.

Heißes Fruchtkompott

4 Personen 5 g Ballaststoffe
325 Kalorien pro Portion

600 ml Wasser
1 EL Honig
1 Zimtstange
abgeriebene Muskatnuß
abgeriebene Schale und Saft 1 Zitrone (unbehandelt)
100 g getrocknete Aprikosen
100 g getrocknete Apfelringe
400 g Pfirsiche aus der Dose
50 g Sultaninen
100 g Granola, Seite 37

Wasser, Honig, Gewürze und Zitrone in einen Topf geben und zum Kochen bringen.
Aprikosen und Äpfel zufügen und zugedeckt 20 Minuten bei schwacher Hitze kochen lassen.
Pfirsiche und Sultaninen dazugeben und weitere 10 Minuten kochen lassen.
Heiß servieren, Granola in einem Extraschüsselchen dazu reichen. Schmeckt auch gut mit Naturjoghurt.

Super-Chantilly-Creme

2 Portionen 0 g Ballaststoffe
175 Kalorien pro Portion

Für eine steifere Creme, die ihre Form behält, Gelatine in den Joghurt geben, bevor das Eiweiß untergehoben wird; die Mischung vor Gebrauch kühlstellen.

250 g abgetropfter Griechischer Joghurt
10 g gemahlene Gelatine
1 Eiweiß

Joghurt in eine kleine Rührschüssel geben. Gelatine in 4 Eßlöffeln kaltem Wasser verrühren, in einem kleinen Topf unter Rühren schwach erhitzen, bis sich die Gelatine aufgelöst hat und die Flüssigkeit durchsichtig ist. Wenn die Gelatine abgekühlt ist und gerade fest zu werden beginnt, den Joghurt einrühren.
Das steifgeschlagene Eiweiß unter die Mischung heben und im Kühlschrank vor Gebrauch kühlstellen.

Brot und Teegebäck

Dattel-Walnuß-Brot

10 Personen 1,5 g Ballaststoffe
260 Kalorien pro Scheibe

Fett für die Form
175 g Vollkornweizenmehl
50 g frisches Hafermehl
2 TL Backpulver
1 TL Lebkuchengewürz
½ TL gemahlener Zimt
100 g weiche Pflanzenmargarine
50 g brauner Zucker
75 g gehackte Datteln
75 g gehackte Walnüsse
2 Eier, 2 EL entrahmte Milch

Ofen auf 160°C (Gas Stufe 3) vorheizen und eine 1 kg-Brotbackform leicht einfetten.
Mehl, Backpulver und Zimt in eine Rührschüssel geben, Margarine einarbeiten, bis die Mischung eine krümelige Konsistenz hat.
Zucker, Datteln und Walnüsse unterrühren.
Die Eier mit der Milch verquirlen und über die trockenen Zutaten gießen.
Mit einem Holzlöffel die Zutaten zu einem weichen Teig verschlagen. In die vorbereitete Form füllen und die Oberfläche glattstreichen.
Im Ofen auf der mittleren Schiene 45–55 Minuten backen.

Buttermilch-Brot

10 Personen 3 g Ballaststoffe
100 Kalorien pro Stück

Fett für das Backblech
450 g Vollkornmehl
220 g Instant Vollkornflocken oder frisches Hafermehl
2 TL Natriumbikarbonat
300 ml Buttermilch

Ein Backblech leicht einfetten und den Ofen auf 200°C (Gas Stufe 6) vorheizen.
Das Mehl und das Natriumbikarbonat in eine Rührschüssel geben.

Ingwerbrot

Mit der Buttermilch zu einem weichen Teig verrühren. Etwas kneten bis er klebrig wird und einen runden Laib formen.
Auf das Backblech legen und die Oberfläche X-förmig einritzen. 40–45 Minuten backen und heiß servieren.

Ingwerbrot

10 Personen 1 g Ballaststoffe
240 Kalorien pro Stück

Fett für die Form
175 g Vollkornweizenmehl
100 g Instant Vollkornflocken oder frisches Hafermehl
1 TL Natriumbikarbonat
2 TL gemahlener Ingwer
1 TL gemahlener Zimt
100 g weiche Pflanzenmargarine
3 EL Rübenkraut
2 EL Honig
150 ml entrahmte Milch mit 2 TL Zitronensaft verrührt
2 Eier

Eine 22 cm große, quadratische Backform (Pieform) leicht einfetten und den Ofen auf 160 °C (Gas Stufe 3) vorheizen.
Mehl, Natriumbikarbonat und Gewürze in eine Rührschüssel geben.
Margarine, Rübenkraut und Honig in einem Topf bei schwacher Hitze schmelzen. Über das Mehl gießen und alles gut durchmischen. Gesäuerte Milch und verquirlte Eier unterrühren.
Den Teig in die Form geben und im Ofen auf der mittleren Schiene 50–60 Minuten backen, bis das Brot fest und bei Berührung elastisch ist. Aus der Form stürzen und abkühlen lassen.

Madeleines

Ergibt 6 Stück 3 g Ballaststoffe
360 Kalorien pro Madeleine

Fett für die Förmchen
75 g Vollkornweizenmehl
50 g frisches Hafermehl
100 g weiche Pflanzenmargarine
2 leicht verquirlte Eier
2 EL Honig

2 Tropfen Vanilleessenz
50 g Kokosraspeln
Marmelade ohne Zuckerzusatz, vorzugsweise eine rote

6 Madeleines-Förmchen oder andere Aluminiumförmchen leicht einfetten und den Ofen auf 200 °C (Gas Stufe 6) vorheizen.
Mehl in eine Rührschüssel geben.
Margarine und Honig miteinander verrühren, bis sie hell und flockig sind. Vanilleessenz dazugeben und die Eier nach und nach einrühren.
Mehl unterheben und die Mischung in die vorbereiteten Förmchen füllen. Diese auf der mittleren Schiene in 25 Minuten backen.
Herausnehmen und auf einem Kuchengitter abkühlen lassen, dann aus den Förmchen nehmen.
Noch warm mit warmer Marmelade bestreichen und in den Kokosraspeln wälzen.

Madeleines

Sultaninen-Korinthen-Törtchen

Ergibt 12 Stück 2 g Ballaststoffe
130 Kalorien pro Törtchen

Fett für die Förmchen
175 g Vollkornweizenmehl
50 g frisches Hafermehl
2 TL Backpulver
1 TL Zimt
75 g Butter oder weiche Pflanzenmargarine
50 g Sultaninen
50 g Korinthen
abgeriebene Schale 1 Zitrone (unbehandelt)
90 ml Milch
1 Ei

12 kleine Förmchen leicht einfetten und den Ofen auf 200 °C (Gas Stufe 6) vorheizen.
Mehl, Backpulver und Gewürze in eine Rührschüssel geben. Butter oder Margarine in Stücken, Sultaninen, Korinthen und abgeriebene Zitronenschale damit vermischen.
Die Milch unter das verquirlte Ei rühren und beides zu den trockenen Zutaten geben, die Masse gut durcharbeiten. Jeweils einen ge-

häuften Löffel davon in die Kuchenförmchen geben und die Oberfläche mit einer Gabel aufrauhen.
15–20 Minuten backen.

Zimtstreusel-kuchen

Ergibt 10 Stücke 1 g Ballaststoffe
300 Kalorien pro Stück

Für den Teig:
100 g weiche Pflanzenmargarine
2 EL Honig
2 leicht verquirlte Eier
100 g Vollkornweizenmehl
Für die Streusel:
75 g Vollkornweizenmehl
75 g weiche Pflanzenmargarine
75 g kernige Haferflocken
50 g brauner Zucker
1 TL gemahlener Zimt

Eine 22 cm große Springform leicht einfetten und den Ofen auf 190 °C (Gas Stufe 5) vorheizen.
Für den Teig die Margarine mit dem Honig cremig rühren. Nach und nach die Eier einrühren und

Zimtstreuselkuchen

etwas Mehl dazugeben, damit die Masse nicht gerinnt. Dann das ganze Mehl unterheben.
Für die Streusel das Mehl in eine Rührschüssel geben und das Fett in Flöckchen zugeben, kneten, bis die Mischung eine krümelige Konsistenz hat. Haferflocken, Zucker und Zimt untermischen.
Nun die Hälfte des Teiges in die vorbereitete Form füllen und die Hälfte der Streuselmischung daraufstreuen.
Mit dem restlichen Teig zudecken, diesen mit einem Messer vorsichtig glattstreichen und die übrigen Streusel darüberstreuen.
35–40 Minuten backen, bis an einer Backnadel nichts mehr hängenbleibt.
Aus dem Ofen nehmen und die Form auf einem Kuchengitter abkühlen lassen. Nach vollständigem Abkühlen in Stücke schneiden und in einer luftdichten Dose aufbewahren.

Bananenbrot

10 Personen 2,5 g Ballaststoffe
225 Kalorien pro Portion

Fett für die Form
175 g Vollkornweizenmehl
100 g frisches Hafermehl
1 TL Backpulver
½ TL Lebkuchengewürz
100 g Butter oder weiche Pflanzenmargarine
50 g brauner Zucker

Bananenbrot

2 Eier
2 große, zerdrückte Bananen
2 EL Milch

Eine 1-kg-Brotbackform leicht einfetten und den Ofen auf 190 °C (Gas Stufe 5) vorheizen.
Mehl, Backpulver und Gewürze in eine Schüssel geben.
Margarine und Zucker in einer anderen Schüssel cremig rühren. Eier verquirlen und nach und nach dazugeben. Bananen einrühren.
Den Teig in die Brotbackform füllen und 35 Minuten backen.

Früchtekuchen

Früchtekuchen

16 Personen 3 g Ballaststoffe
140 Kalorien pro Schnitte

Fett für die Form
175 g weiche Pflanzenmargarine
50 g brauner Zucker
2 EL Honig
3 verquirlte Eier
175 g Vollkornweizenmehl
50 g frisches Hafermehl
2 TL Backpulver
75 g Rosinen, 75 g Korinthen
75 g Sultaninen
75 g getrockente, gehackte Aprikosen
abgeriebene Schale und Saft 1 Zitrone (unbehandelt)
25 g Pekannuß-Hälften

Eine Springform leicht einfetten und mit Pergamentpapier auslegen. Dieses ebenfalls einfetten, Ofen auf 180 °C (Gas Stufe 4) vorheizen.
Die Margarine mit dem Zucker und dem Honig cremig rühren, bis die Masse leicht und flockig ist. Nach und nach die Eier, mit etwas Mehl verrührt, damit die Mischung nicht gerinnt, zufügen.
Mehl und Backpulver sowie die Trockenfrüchte untermischen.
Mehl und Früchte unter die cremige Mischung heben sowie Zitronensaft und -schale dazugeben.
Den Teig in die Form geben und die Oberfläche glattstreichen.
Pekannüsse darauflegen und den Kuchen auf der mittleren Schiene 1 Stunde backen. Dann Temperatur auf 170 °C zurückstellen und den Kuchen abdecken, damit er nicht anbrennt. Weitere 30 Minuten backen, bis an einer Backnadel nichts mehr hängenbleibt.

Zwischengerichte

Pikante Plätzchen

Ergibt 24 Stück 1 g Ballaststoffe
65 Kalorien pro Plätzchen

Fett für die Backbleche
175 g Vollkornweizenmehl
50 g frisches Hafermehl
50 g weiche Pflanzenmargarine
2 EL Sesamsamen
1 TL Kümmel
etwas Cayenne-Pfeffer
1 Prise Meersalz
1 Ei
etwas Milch zum Verrühren

2 Backbleche leicht einfetten und den Ofen auf 190°C (Gas Stufe 5) vorheizen.
Mehl und Margarine in einer Rührschüssel verarbeiten, bis die Mischung eine krümelige Konsistenz erhält.
Mit den restlichen Zutaten und genügend Milch zu einem weichen Teig schlagen.
Den Teig 5 mm dick ausrollen und in rechteckige Plätzchen schneiden.
15–20 Minuten backen, bis sie goldgelb sind.

Dattelschnitten

Ergibt 24 Stück 1,5 g Ballaststoffe
125 Kalorien pro Schnitte

Fett für die Backform
350 g kernige Haferflocken
180 g zerlassene Butter oder weiche Pflanzenmargarine
2 EL brauner Zucker, Zimt
250 g entsteinte Datteln
1 großer Apfel
150 ml Wasser

Eine 22 cm große quadratische Backform (Pieform) leicht einfetten und den Ofen auf 190°C (Gas Stufe 5) vorheizen.
Kernige Haferflocken in eine Rührschüssel geben und das zerlassene Fett dazugeben. Gut durchmischen und Zucker und Zimt einrühren.

Die Hälfte der Haferflockenmischung in die Form geben und leicht hineindrücken.
Die Datteln mit dem in Scheiben geschnittenen, aber ungeschälten Apfel in einen Topf geben, Wasser zufügen und zu einem Brei verkochen.
Das Dattelpüree auf den Haferflokken verstreichen und die übrige Haferflockenmischung darübergeben. Gut andrücken.
30 Minuten backen, bis die Masse goldbraun ist. In längliche Schnitten schneiden.

Knusperriegel

Ergibt 12 Stück 2 g Ballaststoffe
220 Kalorien pro Riegel

Fett für die Backform
160 g weiche Pflanzenmargarine
3 EL Honig
2 Tropfen natürliche Bittermandelessenz
250 g Haferflocken
30 g Mandelblättchen
50 g Weizenkeime
30 g Sonnenblumenkerne
30 g Sesamsamen
50 g Sultaninen oder Rosinen

Eine 22 cm große quadratische Backform (Pieform) leicht einfetten und den Ofen auf 190 °C (Gas Stufe 5) vorheizen.
Margarine und Honig in einem Topf erhitzen. Vom Herd nehmen und Bittermandelessenz zufügen.

Knusperriegel

Übrige Zutaten in eine Schüssel geben und die Margarine-Honig-Mischung darübergießen. Gut verrühren und die Masse in die Form füllen und festdrücken.
20 Minuten backen. Aus dem Ofen nehmen und in Riegel schneiden, aber diese noch, bis sie vollständig abgekühlt sind, in der Form lassen. Dann noch einmal schneiden und aus der Form nehmen.

Käsekräcker

Ergibt 50 Stück 0,5 g Ballaststoffe
40 Kalorien pro Kräcker

Fett für die Backbleche
100 g geriebener Emmentaler-Käse
2 EL geriebener Parmesan-Käse

175 g Vollkornweizenmehl
75 g frisches Hafermehl
75 g weiche Pflanzenmargarine
½ TL Senfpulver
kaltes Wasser zum Verrühren

Mehrere Backbleche leicht einfetten und den Ofen auf 200 °C (Gas Stufe 6) vorheizen.
Käse und Mehl in einer Rührschüssel verrühren.
Margarine in Flöckchen hineingeben und das Senfpulver unterrühren. Mit etwas kaltem Wasser zu einem weichen, aber nicht klebrigen Teig verarbeiten.
Auf einer leicht bemehlten Arbeitsfläche den Teig dünn ausrollen. Dazu am besten in 2 Portionen teilen.
Kräcker ausschneiden und auf die Backbleche legen. 10 Minuten backen, dann aus dem Ofen nehmen. Auf einem Kuchengitter abkühlen und knusprig werden lassen.

Käseküchlein

Ergibt 6 Stück   2 g Ballaststoffe
155 Kalorien pro Küchlein

Fett für das Backblech
25 g Hafermehl
75 g Vollkornweizenmehl
1 TL Backpulver
½ TL Senfpulver
¼ TL Paprika edelsüß
25 g weiche Pflanzenmargarine oder Butter
50 g geriebener Emmentaler-Käse

Käseküchlein

etwas Milch oder verquirltes Ei zum Bestreichen
2 EL Haferflocken

Ein Backblech leicht einfetten und den Ofen auf 220 °C (Gas Stufe 7) vorheizen.
Das Mehl mit dem Backpulver, dem Senfpulver und Paprika in eine Rührschüssel geben.
Das Fett in Flöckchen zugeben und leicht einarbeiten. Geriebenen Käse einrühren.
Mit einer Gabel nach und nach die Milch unterrühren. Die Masse schlagen, bis sie weich und geschmeidig ist. Den Teig auf einer leicht bemehlten Arbeitsfläche 2 cm dick ausrollen.
Küchlein ausstechen und mit Milch oder verquirltem Ei bestreichen.

Malzbrot

Ergibt 10 Scheiben
2,5 g Ballaststoffe
160 Kalorien pro Scheibe

Fett für die Form
25 g weiche Pflanzenmargarine
2 EL Rübenkraut
3 EL Malzextrakt
150 ml entrahmte Milch
175 g Vollkornweizenmehl
75 g frisches Hafermehl
2 TL Backpulver
100 g Rosinen

Eine große Kastenform leicht einfetten und den Ofen auf 180 °C (Gas Stufe 4) vorheizen.
Margarine mit Rübenkraut, Malzextrakt und Milch in einem Topf bei schwacher Hitze verrühren.
Mehl und Backpulver in eine Rührschüssel geben und die Rosinen unterrühren. Die lauwarme Flüssigkeit in die Schüssel gießen und alles gut durchmischen.
In die Brotbackform löffeln und die Oberfläche glattstreichen. Im Ofen auf der mittleren Schiene 50 Minuten backen, bis an einer Backnadel nichts mehr hängenbleibt.
Auf einem Kuchengitter abkühlen lassen, danach herunternehmen.

Sesam-Schnitten

Ergibt 16 Stück   1,5 g Ballaststoffe
160 Kalorien pro Schnitte

Fett für die Form
50 g geröstete Sesamsamen
150 g weiche Pflanzenmargarine

Malzbrot

4 EL Honig
50 g brauner Zucker
50 g Kokosraspeln
175 g Haferflocken

Eine kleine viereckige Backpfanne leicht einfetten und den Ofen auf 170 °C (Gas Stufe 3) vorheizen.
Die Margarine mit dem Honig und dem Zucker in einem Topf schmelzen, Kokosnuß, Haferflocken und Sesamsamen einrühren, alles gut durchmischen und in die vorbereitete Form geben. Oberfläche glattstreichen.
Im Ofen auf der mittleren Schiene in 30 Minuten goldgelb backen.
Aus dem Ofen nehmen und in Scheiben schneiden, aber bis zum völligen Erkalten und Festwerden in der Form lassen.

Honig-Schnitten

Ergibt 10 Stück 1,5 g Ballaststoffe
180 Kalorien pro Schnitte

Fett für die Form
75 g weiche Pflanzenmargarine
150 g Honig
220 g Schmelzflocken

Eine 22 cm große quadratische Backform leicht einfetten und den Ofen auf 180 °C (Gas Stufe 4) vorheizen.
Die Margarine mit dem Honig in einem großen Topf bei schwacher Hitze schmelzen, Haferflocken einrühren. Die Mischung in die Form füllen, gut festdrücken und die Oberfläche glattstreichen. Im Ofen 20–25 Minuten goldbraun backen. In Riegel schneiden.
Diese bis zum völligen Erkalten in der Form lassen, dann in luftdichten Behältern aufbewahren.

Joghurt-Schlemmerei

1 Person 3,5 g Ballaststoffe
210 Kalorien pro Portion

4 frische Datteln
150 ml Naturjoghurt
1 TL Honig
2 TL Granola, Seite 37

Datteln waschen, entsteinen und vierteln. Datteln und Joghurt vermischen und in ein Glas füllen. Honig darüberträufeln. Mit Granola bestreut sofort servieren.

Kräuterkekse

Ergibt 6 Stück 1,5 g Ballaststoffe
100 Kalorien pro Keks

Fett für das Backblech
75 g Vollkornweizenmehl
25 g frisches Hafermehl
1 TL Backpulver
40 g weiche Pflanzenmargarine
2 TL gehackter Salbei, Thymian, Petersilie oder andere Kräuter nach Belieben
75 ml entrahmte Milch

Ein Backblech leicht einfetten und den Ofen auf 220 °C (Gas Stufe 7) vorheizen.
Mehl mit dem Backpulver in eine Rührschüssel geben. Die Margarine in das Mehl einarbeiten, bis die Mischung krümelig ist.
Kräuter und Milch unterrühren und leicht kneten, bis der Teig fest genug ist, um ihn auf einer bemehlten Arbeitsfläche auszurollen. 1 cm dick ausrollen und Kekse ausschneiden.
Auf ein Backblech legen, mit Milch bestreichen und 10 Minuten backen.
Heiß oder kalt servieren.

Blinis

Ergibt 24 Stück 1 g Ballaststoffe
55 Kalorien pro Blini

Blinis sind russische Pfannkuchen, die traditionell aus Buchweizen und Hefe gebacken und mit Kaviar und Saurer Sahne serviert werden. Sie sind dicker als Crêpes und ähneln eher dicken, kleinen Küchlein.
Sie passen sehr gut zum Abendessen (ohne Kaviar!), und man kann sie auch mit pikanten Saucen, geraspeltem Gemüse oder mit Käse bestreut servieren.

250 g Vollkornweizenmehl
50 g frisches Hafermehl
10 g Hefe
300 ml lauwarmes Wasser
25 g zerlassene Butter
2 Eier, getrennt
300 ml entrahmte, lauwarme Milch
Öl zum Braten

Mehle vermischen und die Hälfte davon in eine Rührschüssel geben.
Hefe in Wasser zerkrümeln und unter das Mehl rühren. Gut durchmischen und zugedeckt an einem warmen Ort 30 Minuten stehenlassen, bis sich das Volumen verdoppelt hat.
Danach das restliche Mehl, Butter, die verquirlten Eigelb und Milch zufügen und den Teig so lange schlagen, bis er geschmeidig ist. Zugedeckt gehen lassen.
Eiweiß steifschlagen und unter den Teig heben.
In einer Bratpfanne Öl erhitzen und aus jeweils 2 Eßlöffeln Teig 2 Blinis (etwa 10 cm Durchmesser) backen.
Pfannkuchen 1 Minute von jeder Seite backen.

Haferflockenstäbchen

Ergibt 24 Stück 0,5 g Ballaststoffe
55 Kalorien pro Stäbchen

Fett für die Bleche
200 g mittelfein geschrotetes Hafermehl
75 g Hafermehl
1 TL Backpulver
50 g weiche Pflanzenmargarine
etwas kochendes Wasser zum Verrühren

Haferflockenstäbchen

2 Backbleche leicht einfetten und den Ofen auf 190 °C (Gas Stufe 5) vorheizen.
Grobes Hafermehl, Hafermehl und Backpulver in einer Rührschüssel mischen. Margarine in einem Topf schmelzen und in die trockenen Zutaten einrühren. Langsam etwas kochendes Wasser zugeben und alles zu einem festen Teig verarbeiten. Nicht zuviel Wasser zugeben! Auf einer leicht bemehlten Arbeitsfläche verkneten, bis der Teig fest genug ist, um ihn auszurollen.
Teig zu einem Rechteck ausrollen. Ränder abschneiden und die Teigplatte in Stäbchen schneiden. Mit einem Palettenmesser vorsichtig auf die Backbleche heben. 10 bis 15 Minuten backen.

Plätzchen

Geburtstags-kekse

Ergibt 36 Kekse 1 g Ballaststoffe
65 Kalorien pro Keks

Fett für die Backbleche
220 g Vollkornmehl
100 g Instant Vollkornflocken oder frisches Hafermehl
1 TL Lebkuchengewürz
2 Eier
100 g weiche Pflanzenmargarine
50 g brauner Zucker
100 g Korinthen
150 ml entrahmte Milch
Eiweiß zum Bestreichen

2 Backbleche einfetten und Ofen auf 180 °C (Gas Stufe 4) vorheizen.
Mehl und Gewürze in eine Schüssel geben.
Eier trennen, Eiweiß steifschlagen.
Fett und Zucker schaumig rühren.
Eigelb zufügen und gewaschene, abgetropfte Korinthen einrühren.
Mehl und Milch untermischen, steifgeschlagenes Eiweiß unterheben. Den Teig auf einer leicht bemehlten Arbeitsfläche ausrollen und runde Kekse ausschneiden.
Die Kekse auf die Backbleche legen, mit Eiweiß bestreichen und 20 Minuten backen.

Kaffeekekse

Ergibt 15 Stück 1 g Ballaststoffe
90 Kalorien pro Keks

Fett für das Backblech
100 g Vollkornweizenmehl
50 g frisches Hafermehl
1 TL Backpulver
50 g weiche Pflanzenmargarine
50 g Fruchtzucker
50 g feingehackte Walnüsse
1 verquirltes Ei
2 TL entcoffeiniertes Kaffeegranulat, aufgelöst in 4 TL kochendem Wasser

Ein Backblech leicht einfetten und den Ofen auf 180 °C (Gas Stufe 4) vorheizen.

Mehl und Backpulver in eine Rührschüssel geben.
Fett in Flöckchen untermischen.
Fruchtzucker und Walnüsse unterrühren. Ei hineinrühren und die Kaffeemischung dazugeben. Einen Teig kneten.
Teig ausrollen und Kekse ausstechen. Auf ein Backblech legen und 20 Minuten backen.

Haferspritzgebäck

Ergibt 20 Stück 0,5 g Ballaststoffe
50 Kalorien pro Stück

Fett für die Backbleche
50 g weiche Pflanzenmargarine
2 EL Honig
75 g Vollkornweizenmehl
50 g frisches Hafermehl
1 TL Backpulver
1 steifgeschlagenes Eiweiß

2 Backbleche leicht einfetten und den Ofen auf 220 °C (Gas Stufe 7) vorheizen.
Margarine und Honig verrühren.
Mehl und Backpulver mischen und in die Margarine rühren, das Eiweiß unterheben.
Die Mischung in einen Spritzbeutel mit einer 1 cm breiten Düse füllen und kleine Streifen auf die Backbleche spritzen.
15 Minuten backen, auf einem Kuchengitter abkühlen lassen und in einer Dose gut verschlossen aufbewahren.

Hafer-Honig-Plätzchen

Ergibt 30 Stück 0,5 g Ballaststoffe
55 Kalorien pro Plätzchen

Fett für die Backbleche
100 g weiche Pflanzenmargarine
100 g Hafermehl, 2 TL Honig
150 g kernige Haferflocken

2 Backbleche einfetten und Ofen auf 190 °C (Gas Stufe 5) vorheizen.
Die Margarine mit dem Honig bei schwacher Hitze schmelzen.
Hafermehl und kernige Haferflokken in einer Schüssel vermischen.
Mit der Honigmischung zu einer Paste verrühren. Mit einem Teelöffel kleine Häufchen davon auf die Backbleche setzen. Mit dem Rükken einer Gabel flach drücken und in 12 Minuten goldbraun backen.
Aus dem Ofen nehmen und mit einem Palettenmesser auf ein Kuchengitter legen, damit sie knusprig werden. In einer gut verschlossenen Dose aufbewahren.

Ingwerkekse

Ergibt 16 Stück 0,5 g Ballaststoffe
60 Kalorien pro Keks

Fett für das Backblech
50 g Vollkornweizenmehl
50 g frisches Hafermehl
1 TL Backpulver
25 g gemahlener Ingwer
1 TL brauner Zucker

50 g weiche Pflanzenmargarine
2 EL Honig

Ein Backblech einfetten und Ofen auf 190 °C (Gas Stufe 5) vorheizen.
Mehl, Backpulver und Ingwer in eine Schüssel geben.
Zucker, Margarine und Honig in einem Topf bei schwacher Hitze schmelzen. Vom Herd nehmen. Mehl einrühren. Jeweils einen gehäuften Teelöffel von der Masse auf ein Backblech setzen. Von oben leicht mit einer heißen Gabel eindrücken und so ein Muster zeichnen. 15 Minuten backen.

Knusprige Carob-Kekse

Ergibt 20 Stück 0,5 g Ballaststoffe
63 Kalorien pro Keks

Fett für das Backblech
100 g weiche Pflanzenmargarine
50 g brauner Zucker
50 g Vollkornweizenmehl
50 g frisches Hafermehl
25 g Carob-Pulver
2 TL entcoffeiniertes Kaffeegranulat in 2 TL heißem Wasser aufgelöst

Ein Backblech leicht einfetten und den Ofen auf 190 °C (Gas Stufe 5) vorheizen.
Margarine und Zucker schaumig rühren.
Mehl und Carob-Pulver mischen und mit dem Kaffee in die Margarine-Zucker-Mischung geben, alles zusammen zu einer weichen Paste verrühren.
Mit bemehlten Händen walnußgroße Stücke von der Paste formen und auf das Backblech legen.
Mit dem Rücken einer in heißes Wasser getauchten Gabel flachdrücken.
15 Minuten backen. Auf einem Kuchengitter abkühlen lassen und in einer gut verschlossenen Dose aufbewahren.

Festliche Gerichte

Weihnachtspudding

8 Personen 1,5 g Ballaststoffe
155 Kalorien pro Portion

Butter für die Puddingformen
75 g brauner Zucker
75 g weiche Pflanzenmargarine
6 Eier
75 g Vollkornweizenmehl
50 g frisches Hafermehl
1 TL Ingwer
1 TL Lebkuchengewürz
1 TL abgeriebene Muskatnuß
25 g feingehackte Mandeln
75 g Sultaninen
75 g Korinthen
50 g Rosinen
50 g Vollkornbrotkrumen
abgeriebene Schale und Saft von
2 Zitronen (unbehandelt)
2 EL Rum

2 Puddingformen leicht ausbuttern, eine doppelte Lage Pergamentpapier vorbereiten, das über die Schüssel gelegt und mit einer Lage Aluminiumfolie zugedeckt wird. Einen großen Topf bereitstellen, in dem der Pudding gegart wird.

Margarine mit dem Zucker schaumig rühren. Eier leicht darin verquirlen.

Mehl und Gewürze mischen und nach und nach die Eier in das Mehl rühren.

Nüsse und Trockenfrüchte untermischen, Brotkrumen zufügen und alles gut verrühren.

Zum Schluß den Zitronensaft und die abgeriebene Schale sowie den Rum unterrühren.

Die Mischung in die Puddingformen verteilen und zudecken. 3 Stunden im Wasserbad garen.

Vom Herd nehmen und die feuchte Abdeckung abnehmen. Bevor die Schüsseln wieder mit frischem Papier und Folie zugedeckt werden, völlig erkalten lassen.

Man kann auch Puddingformen mit passenden Deckeln verwenden.

Vor dem Servieren 1 Stunde im Wasserbad erhitzen.

Je bunter dekoriert, desto schöner anzusehen: der Weihnachtskuchen

Weihnachts-kuchen

20 Portionen 4 g Ballaststoffe
200 Kalorien pro Portion

220 g weiche Pflanzenmargarine
100 g brauner Zucker
4 Eier
175 g Vollkornweizenmehl
50 g frisches Hafermehl
1 TL Lebkuchengewürz
50 g gemahlene Mandeln
175 g Korinthen
175 g Sultaninen
175 g Rosinen
50 g Orangeat und Zitronat
50 g fein gewürfelte Ingwerwurzel
4 EL Rum
abgeriebene Schale und Saft von
1 Zitrone (unbehandelt)

Eine Springform leicht einfetten und mit Pergamentpapier auslegen. Auch dieses einfetten. Ofen auf 160 °C (Gas Stufe 3) vorheizen.
Margarine mit dem Zucker schaumig rühren. Eier leicht verquirlen, Mehl und Gewürze vermischen. Nach und nach in die Margarinemi-

schung geben. Mandeln, Früchte, Nüsse und Ingwer untermischen und den Rum, die abgeriebene Zitronenschale und Zitronensaft unterrühren.

Die Masse in die vorbereitete Form geben, die Oberfläche glattstreichen, aber in die Mitte eine kleine Vertiefung machen, damit der Kuchen aufgehen kann.

3 Stunden backen. Wenn nötig, während der letzten 45 Minuten mit Folie abdecken, damit er nicht zu braun wird.

Für die Dekoration:
Verwenden Sie doch anstelle des üblichen Zuckergusses Nüsse oder Trockenfrüchte! Sie sind nicht nur viel gesünder, sondern auch ärmer an Zucker und Fett und reicher an Ballaststoffen. Außerdem sieht ein solcher Belag dekorativ aus. Besonders schön macht sich der Kuchen auf einer Tortenspitze.

Hackfleisch-pastetchen

Ergibt 12 Stück 1 g Ballaststoffe
125 Kalorien pro Pastetchen

Fett für das Backblech
100 g Vollkornweizenmehl
50 g frisches Hafermehl
75 g weiche Pflanzenmargarine
kaltes Wasser zum Verrühren
75 g gut gewürztes Hackfleisch vom Rind
Ei oder Milch zum Bestreichen

Hackfleischpastetchen

Ein Backblech leicht einfetten und den Ofen auf 200 °C (Gas Stufe 6) vorheizen.

Mehl in eine Rührschüssel geben, Fett in Flöckchen hineingeben.

Mit etwas Wasser zu einem weichen, aber nicht zu feuchten Teig kneten und auf eine leicht bemehlte Arbeitsfläche legen.

Teig ausrollen und mit Teigausstechern 12 Böden und 12 etwas kleinere Deckel für Pastetchen ausschneiden.

Die Böden auf das Backblech legen und auf jeden einen Teelöffel Hack-

fleisch geben. Die Ränder mit Wasser einstreichen, die Deckel darauflegen und festdrücken, damit die Pastetchen verschlossen sind.
Mit Ei oder Milch bestreichen und 20–25 Minuten backen.

Osterplätzchen

Ergibt 18 Stück 1 g Ballaststoffe
70 Kalorien

Fett für die Förmchen
100 g Vollkornweizenmehl
2 TL Backpulver
½ TL Lebkuchengewürz
½ TL Zimt
50 g frisches Hafermehl
50 g weiche Pflanzenmargarine
50 g Korinthen
25 g Sultaninen oder Rosinen
1 EL Honig
150 ml entrahmte Milch
1 Ei

Backförmchen für 18 Plätzchen leicht einfetten und den Ofen auf 200 °C (Gas Stufe 6) vorheizen.
Mehl, Backpulver und Gewürze mischen und das Hafermehl einrühren.

Osterplätzchen

Margarine in das Mehl einarbeiten. Getrocknete Früchte zugeben.
Honig, Milch und Eier miteinander verquirlen und unter die trockene Mischung rühren. In die vorbereiteten Förmchen verteilen und 15–20 Minuten backen, bis der Teig fest ist. Heiß servieren.

Englischer Kuchen

12 Portionen 3 g Ballaststoffe
280 Kalorien pro Portion

175 g weiche Pflanzenmargarine
100 g brauner Zucker
2 EL Honig
3 leicht verquirlte Eier
175 g Vollkornweizenmehl
50 g frisches Hafermehl
2 TL Lebkuchengewürz
etwas abgeriebene Muskatnuß
50 g Korinthen
100 g Rosinen
100 g Sultaninen
250 g Marzipan
11 abgezogene Mandeln

Eine kleine Springform leicht einfetten, mit Pergamentpapier auslegen, auch dieses einfetten. Den Ofen auf 170 °C (Gas Stufe 3) vorheizen.
Die Margarine mit dem Zucker und dem Honig cremig rühren. Nach und nach die Eier unterrühren. Mehl mit den Gewürzen mischen und unterheben. Gewaschene und abgetrocknete Früchte untermischen und die Hälfte der Kuchenmischung in die vorbereitete Form füllen.
Marzipan in der Größe der Form ausrollen und auf den Teig legen.
Den restlichen Teig darübergeben und die 11 Mandeln (welche die Apostel symbolisieren) auf dem Rand des Kuchens anordnen.
1 ½–1 ¾ Stunden backen, bis an einer Backnadel kein Teig mehr hängenbleibt. 45 Minuten vor Ende der Backzeit mit einer doppelten Lage Pergamentpapier belegen, damit der Kuchen nicht zu braun wird.

Würzige Plätzchen

Ergibt 24 Stück 1 g Ballaststoffe
75 Kalorien pro Plätzchen

Fett für die Backbleche
100 g weiche Pflanzenmargarine
50 g brauner Zucker
1 leicht verquirltes Ei
150 g Vollkornweizenmehl
75 g frisches Hafermehl
½ TL Zimt
½ TL Lebkuchengewürz
50 g Korinthen
1 EL Rum
1 EL Haferflocken

2 Backbleche leicht einfetten und den Ofen auf 180 °C (Gas Stufe 4) vorheizen.
Margarine und Zucker schaumig rühren. Nach und nach das Ei zufügen.

Würzige Plätzchen

Mehl mit den Gewürzen mischen und mit den gewaschenen Korinthen unter die Mischung heben.
Rum zufügen und den Teig gut verkneten, auf einer leicht bemehlten Arbeitsfläche ausrollen. Für einen schönen Belag einige Haferflocken auf die Arbeitsfläche streuen und den Teig darauf ausrollen. Mit einem Ausstecher Plätzchen ausstechen und mit der Haferflockenseite nach oben auf das Backblech legen.
15 Minuten backen. Aus dem Ofen nehmen und zum Abkühlen und Knusprigwerden auf ein Kuchengitter legen.
In einer gut verschlossenen Dose aufbewahren.

Register